区块链真相

BLOCKCHAIN TRUTH

武卿 著

机械工业出版社
China Machine Press

图书在版编目（CIP）数据

区块链真相 / 武卿著 . —北京：机械工业出版社，2019.6

ISBN 978-7-111-63044-9

I. 区… II. 武… III. 电子商务 – 支付方式 IV. F713.361.3

中国版本图书馆 CIP 数据核字（2019）第 126615 号

区块链真相

出版发行：机械工业出版社（北京市西城区百万庄大街 22 号 邮政编码：100037）
责任编辑：李华君
责任校对：殷 虹
印 刷：三河市东方印刷有限公司
版 次：2019 年 8 月第 1 版第 1 次印刷
开 本：147mm × 210mm 1/32
印 张：9
书 号：ISBN 978-7-111-63044-9
定 价：79.00 元

客服电话：（010）88361066 88379833 68326294 投稿热线：（010）88379604
华章网站：www.hzbook.com 读者信箱：hzit@hzbook.com

FOREWORD
推荐序一

武卿，一个媒体人，以其对时代、对技术和对历史的特有的敏感，在2018年一年中，围绕区块链这个主题，对国内外相关学者、科学家和企业家进行了深入采访，而且做到了在采访中不断研究和升华，终于在2019年春夏之际集结成《区块链真相》一书。与近年来众多区块链方面的文本相比，这本书没有拘泥于区块链技术层面的探讨，而是向读者更多地展现了区块链代表的思想理念、区块链科学技术潜力、区块链所代表的新型社会形态，以及区块链背后的一种时代方向。今天，区块链尚在青少年阶段，充满青春却远不成熟，理解区块链不仅需要科学精神，还需要人文激情，武卿在这两个方面都做了值得赞赏的努力。

朱嘉明　著名经济学家

FOREWORD
推荐序二

本书是以大型跨国系列深度报道《环球链——区块链真相调查》（30分钟 ×12集）的图文版为蓝本写的，但在内容上又超越了其视频版深度报道。作为这个系列报道的直接参与者，我很愿意跟广大读者分享一下参与其中的感想和体会。

首先，这本书汇聚了一大批在区块链领域有真知灼见的专家。大家从自己所擅长的领地出发，执著地追寻着区块链的意义，每次有深度的碰撞，都能擦出思想的火花。我欣赏和享受交流时的那种纯粹，那种非功利的、顽童般的探究和无保留的思想开放。这些都使这本书所记载的交流，焕发出一种超越时代的思想光芒。也许十年后，人们谈论的“区块链”已经在很大程度上有别于我们今天所讲的区块链，但是我相信，这本书所记录的思想火花和它带给读者的启迪，到那时依然会彰显它的价值和意义。

为什么会是这样？因为我们触碰了区块链最最本质的特征。

北岛有一句非常令人震撼的诗句：“告诉你吧，世界 / 我——

不——相——信”，这就是人们在日常生活中所直面的信任危机，也是关于信任的最极端场景。有了区块链，即使处于极端场景，人们依然会有建立彼此信任的靠谱基础：上链，成为互相记账和认账的、去中心化自治组织的一员。

在这样的生态里，你的任何一点微小的贡献，都会被铭记并转化为相应的激励；你提供的任何一段信息，都能得到有效的保存并与其他人提供的信息打成一片，汇入不可逆转的“历史”洪流，成为从今往后任何想援引“历史”的人们无法绕开的一环。

我们在探索和实践中创造历史，我们把彼此创造的历史固化为区块链上的数据，手挽着手，“块”连着“块”。我们共同铺设着人与人之间最便捷的信任通道，目睹着新的通道以其不可抗拒的优势取代旧的通道。在极端场景都能应付自如的杀手级信任技术，回过头来处理不那么极端的场景，更是游刃有余。可以想象，有了区块链，人类的信任结构从此不同。

区块链的出现不是孤立的。它是人类从物理世界向数字世界迁徙过程中，必然会出现的一件事。数字化的浪潮不可阻挡。无数企业、组织和个人，不是已经完成了数字化迁徙，就是正走在数字化迁徙的路上。在万事万物的数字化进程中，价值和信任的数字化，不仅是应有之义，而且会占据格外抢眼的位置——价值是衡量其他事物的“锚”。 普通事物的数字化，有或无、快或慢，或许不那么紧要，但锚的缺失却是致命伤，锚赶在许多其他事物之前在数字化世界中到位，也算是结构性布局的及时雨。从这个“锚”的角色来看，区块链技术绝不是可有可无的，它肩负重大使命而来，注定不会仅仅是个历史的匆匆过客。

本书非常翔实地记录了一群有理想的人，如何从多学科、多应用背景、多元价值观的角度切入区块链技术，严肃探讨并深入挖掘区块链技术宝贵价值的珍贵场景。它的选题、构思、框架设计、议题设置和互动质量，在同类出版物中毫无疑问属于上乘。我希望，在阅读本书后，读者们对区块链技术的理解能跃上一个新台阶，对区块链技术的认识能提到一个新高度。在这样的洞察和信仰面前，眼下的曲折和乱象，只不过是过眼云烟。

云烟过后，含信任和价值传递机制在内的数字化之花，必将在人类社会绽放。

白硕

世界区块链组织首席科学家

上海证券交易所前总工程师

阡寻科技董事长

FOREWORD

推荐序三

全球化 4.0 时代最重要的价值——信任

12 集大型跨国系列深度报道《环球链——区块链真相调查》播出后，我们收获了不少好评。有朋友告诉我，这是他们在了解区块链相关知识时，遇到的最为全面、系统、专业的参考资料。

十几位国内外专家、学者，围绕区块链问题的讨论及观点的碰撞都如实记录在片中，而主持人、总制片人武卿对每一集内容的诠释和总结，又把看似杂乱无章的内容梳理得清晰、透彻，所以在此基础上，她们精心打磨出一本以视频为基础但又超越了视频的书籍应是顺理成章的事。我有幸受邀参加了部分片集的讨论，作为一名不具备区块链基础理论的嘉宾，我始终是抱着学习的态度和忐忑的心情参与其中的，包括受邀为本书作序。

区块链发展至今，业内公认是十余年的历史。我本人是 2016 年才听一个爱尔兰人讲到“Blockchain”（区块链）的概念，当时听得懵懵懂懂的。国内大范围地传播，应该是 2018 年新春伊始，主要原因还是那时比特币持续走高，以致连股民们都张口闭口区块链了。所以，在《环球链——区块链真相调查》播出后，也有人反映说看不太懂，有点儿阳春白雪。也难怪，因为毕竟这不是关于普通投资理财类的。

观察国内的区块链发展现状，我个人在学习时把它划分为以下三个方面。

第一个方面是区块链金融，这一领域国家有明确的监管政策，在防范风险的同时，也在主动探索符合国内环境的数字货币，谨慎开展金融领域的创新，这大概也是国际上普遍持有的态度。但是由比特币的兴衰而引发了社会上对区块链相关技术的关注和传播，却是件好事。

第二个方面是区块链技术如何在更广泛的领域（金融以外）应用，包括区块链底层技术开发，等等。我想这也正是本书所要阐述的重点内容。如何把区块链技术应用到国计民生中，给商业领域、制造业带来令人欣喜的成果，还需要区块链专业人员不断突破现有的技术障碍，也需要所涉及的应用领域的大胆投入和政策的大力扶持。总之，“比特币价格可能再跌，但区块链技术将在三至五年内在全球获得广泛应用。”这是 2019 年达沃斯论坛上专家们的共识。

第三个方面是区块链思维对人类社会的深远影响，这几乎是一个涉及哲学层面的思考。互联网诞生初期 TCP/IP 协议的制定，对互联网的发展起到了决定性的作用，而互联网发展到今天，尤其是社会化网媒的发展对人类的思维方式乃至对经济社会生活的改变是巨大的，同样区块链理论和技术的发展，也将会在互联网等先进技术和共享经济环境下，给人类更多的想象空间，例如，如何把数据所有权交还给个人，如何通过公平、透明的激励模式重新建立新的价值交换体系，分布式记账如何用于制定投资协议，等等。

2019 年达沃斯论坛刚刚闭幕，大会的主题是“全球化 4.0——塑造第四次工业革命时代的全球框架”。代表第四次工业革命的新技术是什么？达沃斯论坛创始人施瓦布教授认为是人工智能、区块链、云技术，等等。而全球化 4.0 时代最重要的价值观是什么？一定是信任，是国与国之间、企业与企业之间、人与人之间的信任。在 2019 年达沃斯论坛期间埃森哲发出一个口号，“Trust is the ultimate currency”，用信任定义价值，用信任交换价值，可能是全球化 4.0 时代赋予区块链技术的一个大好机会。

郑砚农

中央财经大学新传播中心名誉主任

国务院发展研究中心世界发展研究所原秘书长、研究员

PREFACE
前 言

区块链，这个听起来并不性感的名字，如今已是万众瞩目。然而，越喧嚣无序、越多心机，越需要媒体人以冰冷的理性和深入的调研、专业的表达，穿透乱象，找出真相。

过去一年多，观察区块链圈，我常常感慨：区块链似乎要被“玩”坏了……区块链属于全世界，它的真相不能被遮蔽，它带来的重大机遇，也当属于所有人！

因着这个初心，才有了我和国内外专家组成员、奇霖传媒团队历时半年制作的 12 集 ×30 分钟深度报道《环球链——区块链真相调查》，才有了您现在看到的这本书。

为了这套产品，我从 2018 年 1 月开始，在硅谷、北京、特拉维夫等地做了大量前期调研，通过电话、微信、见面等方式访问了不低于 30 位各界朋友；2018 年 3 月至 7 月，又和团队相继在北京、特拉维夫等地展开四次集中录制，正式采访、拍摄十数位嘉宾。作为一家上升期传媒公司的 CEO，在繁忙的管理工作之余，2018

年我竟然把一大半时间投入在了《环球链》这套产品上。这期间困难多多，有来自外界政策变化的，也有来自自己体力、脑力和团队能力局限的——我最大的挑战依然是，如何在内容创作者、公司管理者、母亲、妻子四个角色之间做到平衡。最终，说实在的，我是靠着“全天下都必须为这个事让路”的意志，带领团队克服所有困难交出让自己和社会都满意的作品的。

《环球链——区块链真相调查》，这部沉甸甸的大型跨国系列深度报道及由此而衍生出来的这本书，凝结着来自中外科技、法律、媒体、创投圈近40位专家的智慧！为真问题寻找好答案，为优秀的个体和企业把脉大机遇——但愿我们的付出能带给您把握机遇的智慧。

奇霖传媒创始人

《环球链——区块链真相调查》总制片人

武卿

2019年1月28日

ACKNOWLEDGEMENTS
致　谢

《环球链——区块链真相调查》视频节目和本书的完成，要真心感谢以下人士，没有他们从智力到人脉、资源的支持，就没有这套产品的娩出。他们是（排名不分先后）：

财讯传媒集团（SEEC）首席战略官、北京苇草智酷科技文化公司创始合伙人段永朝；世界区块链组织首席科学家、上海证券交易所前总工程师、阡寻科技董事长白硕；国家统计局（CSISC）品牌专家、大数据智库专家、京津冀大数据产业专家委员会首席专家郑砚农；以色列投资人、企业家，Hexa Group、Orbs 两家公司联合创始人 Daniel Peled；以色列企业家、投资人，以色列发展视频共享网站 MetaCafe 创始人 Eyal Hertzog；网录科技创始人 /CEO、万维链创始人吕旭军；以色列风险投资专家、Singulariteam 创始人，对以色列区块链行业发展具有重要影响力的投资人 Moshe Hogeg——这位先生的观点，经常让我拍案叫绝；以色列投资人、营销专家、Sirin Labs 首席营销官（CMO）Nimrod May；以色列 Herzog Fox & Neeman 律师事务所合伙人、该律所加密货币业务的创办人 Roni Pavon；中国科学院自动化研究所复杂系统管理与控制国家重点实验室主任、国防科技大学军事计算实验与平行系统技术研究中心主任王飞跃；以色列科技媒体领袖、知名技术博客 Geektime 创始人兼主席 Yaniv Feldman——他经营媒体的策略，实在值得我学习；博晨技术创始人、董事长张健；技术专家、中关村区块链联盟副秘书长、广电运通区块链科技有限公司 CEO 邹均；经济学家朱嘉明老师；投资人蔡文胜先生；中国计算机学会秘书长杜子德；四方御风投资有限公司董事长冯仑；中关村并购母基金合伙人刘志硕；中科院计算所博士生导师孙毅；中科院自动化所副研究员、青岛智能产业技术研究院院长助理袁勇博士；中关村区块链产业联盟理事长元道；微赛体育 CEO 侯昱华；德鲁克管理学院原院长、七和同创创始人王欣老师；中国国际广播电台宋巍老师；信诺传播董事长曹秀华女士；甘肃妇联原副主席康娅红女士；六个橙子董事长冯进女士；六个橙子 CEO 周琛先生。

特别要感谢硅谷投资人钟德辉、硅谷风投学院负责人 James、伯克利大学教授 Dawn Song，以及奇霖传媒在以色列的合作者艾拉德、杨依卓、Ari，以色列大使馆商务公使 Ophir Gore，以色列大使馆工作人员 XinPeiZhang，北京约瑟投资有限公司董事长陈九霖先生和奇霖传媒的投资人任旭阳、曹锐、郝玺龙、李善友、黄余海、金红萍、赵文权、侯东、齐伟、王宇、刘春雷、胡陆军！

最后，感谢我的同事徐敏、吴方方、罗多巍、凌霞、昱坤、王雷、倪炳辉、桂莉、汪丽、佳奇、雪芹、妤坤、太选、思乐、马惟等人为这套产品付出的所有时间和精力。感谢我的母亲魏转先和爱人笛总持之以恒的支持。

奇霖传媒创始人　武卿

ABOUT THE AUTHOR

作者简介

武卿，奇霖传媒[⊖]创始人、董事长，大型跨国系列报道《硅谷大佬》《环球链——区块链真相调查》总制片人、主持人。央视《焦点访谈》《新闻调查》前调查记者，科技、财经节目主持人，多项知名国际、国家大奖获得者。中国海洋大学兼职硕士生导师，2017年“中国十大品牌女性”荣誉获得者。

有新闻、中文、法学、工商管理多学科学习背景，以及传媒、教育、企业多行业多工种工作经验。曾任教师、新闻主播。2002年10月由北京电视台进入央视。2015年，创办北京奇霖国际文化传媒有限公司。

⊖ 奇霖传媒，北京奇霖国际文化传媒有限公司，是由知名调查记者武卿女士于2015年创办的视频新媒体机构。奇霖聚焦全球新经济领域内，美国、以色列等科技创新高地的领军人物和企业，以优质、高端视频内容的研发、制作为主业，构建以视频为核心的全媒体平台。

ABOUT THE HONORABLE GUESTS
《环球链——区块链真相调查》嘉宾简介

段永朝　高级工程师，“数字论坛”创始人之一。现任财讯传媒集团（SEEC）首席战略官、ZiffDavis媒体集团（中国）战略发展研究主任，曾任《中国计算机用户》周刊、《软件世界》杂志常务副社长兼总编辑，中国计算机用户协会常务理事，北京中关村IT专业人士协会常务理事，中国信息化推进联盟BCM专委会委员，副秘书长，IT治理专委会委员，IT服务管理专委会委员。

1999年出版《电脑，穿越世纪的精灵》，2004年1月出版《比特的碎屑》，2009年出版《互联网：碎片化生存》，2012年出版《新物种起源：互联网的思想基石》。

王飞跃　1990年获美国伦塞利尔理工学院（RPI）计算机与系统工程博士学位。1990年起在美国亚利桑那大学先后任助教授、副教授和教授，

机器人与自动化实验室主任，复杂系统高等研究中心主任。1998 年作为国家计划委员会“引入海外杰出人才计划”和中国科学院“百人计划”人才回国工作，2011 年追溯为首位国防领域“千人计划”国家特聘专家。

曾任中国科学院自动化研究所副所长，现为中国科学院自动化研究所复杂系统管理与控制国家重点实验室主任，国防科技大学军事计算实验与平行系统技术研究中心主任，中国科学院大学中国经济与社会安全研究中心主任，青岛智能产业技术研究院院长。

邹均 广电运通区块链科技有限公司 CEO，兼中关村区块链联盟副秘书长，中国数字资产研究院学术委员。澳大利亚麦考瑞大学计算机博士，麦考瑞商学院 MBA，在领先的国际会议和期刊上发表论文 20 余篇，主编了《区块链技术指南》。

曾在 IBM 澳洲软件部负责 CBA、西太银行、IAG 等一线金融行业的软件架构和解决方案，2011 年回到中国，曾任多家云计算公司高管，主持研发的云计算平台和分布式存储荣获工信部“云帆奖”等多个奖项。

2015 年荣获澳中校友会“杰出校友奖”，2017 年获麦考瑞大学“校长奖”，2016 年区块链论文在 IEEE ICWS 获最佳论文奖，

2018 年共识算法论文被国际顶级期刊《Transaction on Service Computing》接受，2018 年加入《区块链赋能数字经济》编委会，2018 年 8 月出版《区块链核心技术与应用》。

白硕　1990 年毕业于北京大学，获理学博士学位。曾任中科院计算所副研究员、研究员、博士生导师、软件室主任、软件方向首席科学家。2000 年起参与组建国家计算机网络应急技术协调中心（CNCERT/CC），2002 年起任上海证券交易所总经理助理兼总工程师。2018 年 3 月，受邀加入世界区块链组织，任职首席科学家。

吕旭军　Wanchain（万维链）创始人、网录科技创始人、美国公证通公司联合创始人，北京大学和俄亥俄州立大学经济学、计算机硕士，MBA。拥有 20 多年互联网及软件开发和管理经验。在美国、中国和欧洲都有多次创业经历。

郑砚农　中国电子商务协会副理事长。毕业于西北工业大学自控系，工学硕士学位。国务院发展研究中心世界发展研究所原秘书长，中央财经大学新传播研究中心名誉主任，中国区块链生态联盟专家委员会副主任委员、京津冀大数据产业专家委员会首席专家。

Eyal Hertzog　具有风投背景的科技型创业家，拥有超过20年的从业经验。从1998年以来，他致力于在社交网络、内容共享、用户生成货币和区块链领域构建并启用一个终端用户生态系统网络。

Eyal Hertzog起步于以色列军队的科技行业，曾担任核心情报部门的IT部门经理四年。1997年离开军队后，他加入了创业公司Class Data Systems，担任应用程序营销工程师。

Eyal Hertzog创立了拥有超过5000万个独立用户的视频共享网站MetaCafe，并使该网站成为以色列发展最迅速的视频共享网站。他还是最早一批在线社交网站Contact Networks的创始人。在以色列的加密货币和互联网长尾效应领域，Eyal Hertzog一直担任着精神领袖的角色。

目前，Eyal Hertzog在Bancor协议（Bancor Protocol）担任产品工程师。在他的推动下，该公司实现了史上最成功的ICO项目之一，在3小时内从1万名参与者手中筹集了超过15亿美元的资金，创造了当时的世界纪录。

Daniel Peled 企业家和区块链爱好者，他拥有法律、技术、经济学和区块链市场分析方面的专业知识，是以色列比特币社区的资深成员，也是以色列 ICO 区块链公司的第一人。

Daniel Peled 是基于注意力经济的社交网络 GetGems 的创始人、以色列金融科技创业公司 PayKey 的联合创始人兼首席执行官、Orbs 公司总裁和 Hexa Group 公司的联合创始人。Hexa Group 在 Daniel Peled 的主管下，成为一家领先的投资区块链方面的咨询公司，管理着超过 2.5 亿美元的数字资产，为许多区块链系统中的顶尖项目提供咨询建议。

Nimrod May 初创企业投资人、营销专家，同时也是一位拥有高超社交技能的创意思想家。Nimrod May 曾担任 Woo.io 的首席营销官（CMO）、RDSeed 风投公司的执行总裁（CEO）、一键打车（GetTaxi）的全球市场副总裁、Perion 社交网络和市场营销副总裁、以色列 Disney/Jetix 频道的营销主管以及 Sirin Labs 首席营销官（CMO）。

在其职业生涯中，Nimrod May 积累了丰富的知识和经验，常被邀请为特拉维夫大学雷卡纳蒂商学院和赫兹利亚跨学科研究中心等以色列顶级学府的客座讲师。

Yaniv Feldman　拥有技术背景的创业家。同时，他也是一个经济学爱好者及加密经济最大主义者，被评为以色列区块链技术和加密货币领域最有影响力的25人。

Yaniv Feldman是提供加密经济数据信息的公司Cointelligence的创始人兼主席，也是技术博客Geektime的创始人兼主席，他还曾是Geektime的主编。Yaniv Feldman致力于通过Geektime向世界介绍以色列的区块链行业、全球创新以及全世界优秀的创业企业。

Roni Pavon　以色列特拉维夫大学工商管理硕士，以色列首屈一指的律师事务所Herzog Fox & Neeman的合伙人。他所经营的律师事务所在很多领域都名列于国际和以色列国内的法律服务名录，包括《欧洲法律500强》（The European Legal 500）、《钱伯斯环球》（Chambers Global）、《国际金融 法律周刊》1000强（IFLR 1000）等。

目前，Roni Pavon在HFN律所的互联网及电子商务部门担任律师，专门从事加密货币和金融服务相关工作，是该律所加密货币业务的创办人之一。他致力于在首次代币发行（ICO）和加密货币方面为客户提供全面的建议与服务，协助客户进行加密货币交易和相关操作，并且帮助客户将加密货币与其已有业务进行整合。

Moshe Hogeg 以色列成功企业家、区块链领域先锋者。2013 年，Moshe Hogeg 创立 Singulariteam 公司并担任董事长，致力于为处于创业初期、需要种子轮投资的科技公司提供帮助。

2017 年，Moshe Hogeg 与其他合伙人一同创立 SIRIN LABS，目前担任该公司的联席 CEO，曾为全球第一部开放源代码区块链智能手机和一体机电脑的开发提供产品功能和技术方面的支持。同年，Moshe Hogeg 和其他合伙人在特拉维夫一同创立了 Alignment Blockchain Hub，专注于从起步阶段为区块链项目和该领域的公司提供咨询、融资和发展机会。

CONTENTS

目 录

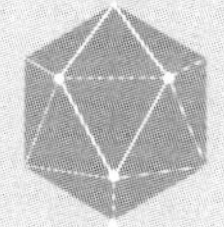

第一章 01

天上掉下个区块链，吃透区块链的六大要领

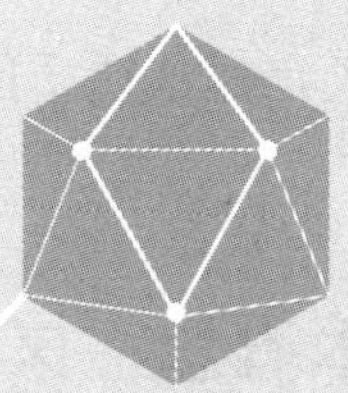

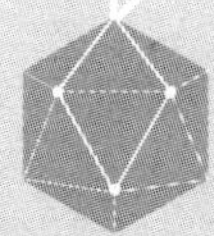

区块链到底是什么？这是我对这个行业的基本疑问。

关于这个问题，答案众说纷纭，有人说区块链是一种信任机器，有人说区块链是价值互联网，还有人说区块链就是一种分布式的共享账本。在本书的开篇，我决定先从这个问题开始。

1.1 区块链基本概念：区块 + 链

澳大利亚麦考瑞大学计算机博士邹均，曾在 IBM 澳洲软件部负责 CBA、西太银行、IAG 等一线金融行业的软件架构和解决方案。2011 年，回到中国后，他曾经担任多家云计算公司高管，主持研发的云计算平台和分布式存储荣获工信部

“云帆奖”等多个奖项。邹均现在是中关村区块链联盟副秘书长、广电运通区块链科技有限公司CEO。

关于“到底什么是区块链”，我常听圈子里的人打赌：“我敢保证，全中国能把区块链是什么说清楚的人，不超过十个。”这或许是真的。关于区块链的概念，在我认识的人里头，说得最清楚的，就是邹均。

邹均从两个概念入手讲述了区块链。第一是“链”的概念，如供应链、食物链等，这些链的共性就是根据一个相同的纽带，把具有相同属性的这些东西串接在一起。区块链其实也是一种链条，是指按一定顺序把区块链接起来。

第二是"区块"的概念。"区块"实际上是用来记录交易信息的一个账本的档案。

从区块和链的概念来说，区块链的实质很简单：它是一个由人来制定协议规则，由分布式网络的各个节点来执行规则，共同维护网络状态的一个档案库。

邹均以一个形象的比喻举例，区块就是账页，链就是把账页连接成册的装订线，再加上骑缝章，使之不能被篡改。

当然，与传统的账本相比，区块链有更神奇的地方，账本上的交易能够自动地验证，账本的状态能够自动地确认，形成共识。账页上的交易都能够向前追溯，提供透明性和可审计性。因此，在账本上造假比较困难。

1.2　理解区块链的基础：互联、并发、信任

2018 年 1 月在做前期调研时，我发现了一种特别有趣的现象，基本上，币圈的人都认为区块链就是加密货币，而链圈的人则认为区块链是一种分布式的共享账户体系。到底应该怎样更加深入地理解区块链，我请教了财讯传媒集团（SEEC）首席战略官、北京苇草智酷科技文化公司创始合伙人段永朝。

段永朝，高级工程师，工学硕士，从业互联网、媒体领域三十余年，是数字论坛创始成员，中国计算机学会高级会员，信息社会 50 人论坛执行主席。段永朝是我的山西老乡，也是奇霖传媒多个重要历史事件的见证人和亲历者。

在他看来，币圈、链圈并非水火不容，但在看待区块链的方式上有所区别。币圈比较看重区块链支撑下的货币，链圈则更看重未来的金融学、数字金融和数字经济将会奠基在一个什么样的支付方式和支付手段之上。

段永朝认为，这两种认知都有问题，都局限在传统经济学的思维上。面对新的数字经济，我们需要构建起一种新经济学的思维，要深入理解区块链，就需要先理解它的三个重要基础。

1.2.1 理解区块链的基础——互联

区块链的大背景是互联网，想要理解区块链到底是什么，就需要深刻地理解互联网。互联网的商业发展史已经经过了 25 年，在互联网的沉淀之下，区块链事实上已经把生产、消费、投资，以及生产组织、财富分配等问题，一并纳入到了它的分析框架，这是理解区块链的一个基础。

1.2.2 理解区块链的基础——并发

今天的世界已经处于无所不在的连接之上，区块链上的经济活动此起彼伏。我们甚至可以设想，在北京、上海、马尼拉、伦敦、纽约等世界某地，某一个瞬间发生了一种并发式的交易。区块链，代表了个人、组织之间无所不在的连接和时刻不停的经济活动。

1.2.3 理解区块链的基础——信任

在这种无所不在的连接和并发的经济活动中，信任的重要性不言而喻。段永朝毫不讳言说，整个社会中，80%的信息流动就是试探、询价、试错、尝试，人们将大量的时间、金钱和资源浪费在搜寻合适的交易方中，更重要的是，在这种小心翼翼的探寻过程中，我们甚至可能会为此而上当受骗，为此而付出成本和代价。

段永朝说，“人们能不能一次达成信任？难道不能在创造快乐的同时交付产品吗？今天的账户体系、记账方法、生产方法、产品和服务的交付方式、衡量每个人靠谱不靠谱的评价标准，通通都要打上问号。”而为这些问号揭开谜底的，就是区块链。

在区块链上，账户已经突破了狭义的经济账户概念，变成了广义的社会账户，就是因为它首先需要把每一个人的活动，包括经济活动、社会活动、文化活动、创意活动，通通都记录在案。这是每一个人举手投足时留下的社会足迹，足以标志一个人是否值得信赖。段永朝解释，这也是为什么我们会把区块链视为构造未来社会重要的基石。

2015年10月，《经济学人》杂志发表了题为《The Trust Machine》的封面文章，将区块链比喻为“信任的机器”。区块链行业早期的开拓者、区块链技术专家、FCoin交易所创始人、前火币网CTO张健认为，这个定义抓住了区块链的本质——区块链试图用数学的方法去定义信用。他强调，信息的传输和价值的传输必然相匹配，就如古代有镖局运输金银，信息时代有电子银行、网上支付，有什么样的信息传输手段，就有什么样的价值传输手段。随着信息时代的发展，价值像信息一样几乎无成本传输的时代必将到来。

1.3 区块链概念引申

基于互联、并发、信任的基础，我和各位受访者对区块链的内涵进行了更深层次的挖掘。邹均的看法是，区块链是支撑万物互联的账本，是数据资产流通的关键支撑，也是驱动数字经济发展的新引擎。

1.3.1 区块链是支撑万物互联的账本

邹均直言，未来肯定是一个万物互联的时代。物联网技术、人工智能技术，会处在一个大规模的分布式环境中，这就需要一个不可篡改的共享账本来管理这个万物互联的网络，记录所有的状态。同时，区块链实际上可以作为一个共享账本，及时发现是否存在一些作恶节点，并通过共识机制来消除作恶节点的问题，把所有状态记录在一个不可篡改的共享账本上。

实际上，区块链为万物互联时代提供了一个更安全、可控、有秩序的基础设施，也为其提供了一套完整的规则性技术。这种技术可以在数字货币、智能合约、数据资产的确权、数据知识产权的保护上发挥巨大作用。

北京赛智时代信息技术咨询有限公司总裁、大数据区块链实验室主任赵刚博士在《区块链：价值互联网的基石》一书中指出，随着互联网、物联网、人工智能、智能硬件等技术的发展，我们正在进入一个万物互联网（Internet of Everything）的时代，这也是一个智能资产的时代，而区块链正是建立智能资产价值转移的基础技术，可以让智能资产在全网流通。

1.3.2 区块链是数据资产流通的关键支撑

首先，大数据时代，数据需要有完整性、可靠性、连续性、永久性、可追溯性、精确性和透明性等保证，区块链可以作为大数据资产流通的一个关键技术。

对此，赵刚博士认为，区块链不仅能够记录数据货币交易的全生命周期，推而广之，它也能够记录任何数据资产流转的全生命周期，甚至记录所有重要网络数据的全生命周期。赵刚预计，区块链将促进数据记录、数据传播及数据存储管理方式的创新，将成为大数据时代的数据开放、共享、交易和流通的关键支撑。

其次，在万物互联时代，传统的人与人之间的价值交换，如用现金、电子货币等媒介，已不能够满足这个时代的要求了。我们需要一套新的价值交换体系来代表各种不同的数据权益。而token，尤其是在我们所说的通证经济中，实际上就是被用来作为万物互联时代价值交换体系中的一大媒介。

利用token来指代数据资产流通的形式是多样的。我们可以用token来直接指代股权和债权，指代某种资产的权益证明，如一套房子、一辆车等，还可以用它来指代一种数据资产的使用权。

1.3.3 区块链是驱动数字经济发展的新引擎

邹均认为，区块链还是驱动数字经济发展的新引擎，这主要表现在共享经济和普惠经济上。

首先，拿共享经济来说，它能在很大程度上杜绝不必要的浪费。其次，它可以使大家都拥有平等的机会参与进来、做出贡献，并且其价值能够得到认可、得到及时的回报。所以说，共享经济创造的环境是一个很公平的环境。

一个数量巨大的群体要在一个互不信任的环境里共享资源，就必须保证这些价值交换能够公平有效地进行。

真正的共享经济，实际上是要建立在一个去中心化的商业环境里。现在大部分的商业模式，其实还是B2C，即企业对个人用户，本质上还是中心化的，企业的核心竞争力实际上在于垄断数据的能力。企业拥有的数据多了，就可以更好地来进行精准营销，做出用户需要的产品。

但一个去中心化的商业模式，实际上是反过来的，即C2B的模式，也就是用户个人提出需求，然后企业根据用户的需求来提供服务。这样用户能够有效地控制个人信息，有效避免数据滥用和隐私侵犯等问题。因此有人打趣说，现在的共享经济根本不是真正的共享经济，只有区块链时代的才是。

其次，邹均认为，在共享经济之外，区块链也能在普惠经济方面发挥很大的作用。

在很多地方，有很多人实际上根本无法享受到金融服务，他们甚至连账号都没有。因为在现阶段，要建立一套中心化体系来为大众提供金融服务，成本是非常高的，如果这个高成本转嫁到用户身上，就变成了用户享受不起的高价格。

然而通过区块链，大众能够很快地去享受普惠金融的一些服务，因为区块链去中心化的特性，意味着它将建立一个更加自由、开放且透明的市场，而基于区块链的社会对监管的需求会大幅度下降，整个社会用于监管的成本会大幅度减少，管理效率也会大幅度提高。

当然，不可避免的是，去中心化也会带来一些问题和挑战，特别是在监管和法律方面。一方面，我们需要有效地控制平台上一些非法、不良的东西；另一方面，我们又必须跟上时代的发展，用新技术来解决新问题。在区块链技术的可追溯、不可篡改、共识机制等特点被用作一种约束机制和监管技术来达成保护个人权益、隐私的同时，有效监管一些浑水摸鱼的不良东西也成了未来的一大挑战。

1.4 区块链的四大核心技术

在采访中我发现，对区块链一知半解的人经常会给他人一种善意的忠告：小心，不要被区块链给忽悠了。实际上，常识告诉我们，忽悠人的经常是人，而不是技术。那么，区块链到底是不是一种好的、值得重视的、不可错过的，甚至是堪称伟大的技术呢？对我本人和奇霖传媒专家团的所有人来说，答案不言而喻。作为技术专家的邹均介绍，区块链有四大核心技术，第一是 P2P 网络技术，第二是加密技术，第三是智能合约，第四是共识机制。

1.4.1 P2P 网络技术

实际上，在区块链出现之前，分布式的 P2P 对等网络已经是很成熟的技术。今天，我们无论是在互联网上下载电影还是视频，都需要依赖这种名为 P2P（即点对点）的网络传输协议。

P2P 网络是整个区块链的基础计算架构。在区块链分布式网络中，中央服务器的概念被弱化，即不再需要任何中心枢纽。网络中的各个节点都可以作为一个独立的个体存在。这些节点既能作为提供服务的服务器，也能作为发送请求的客户端。它们不再需要服务器的桥接就可以直接交换资源：从一个节点上发出的信息经过验证会被发送到周边相邻的节点，而每一个相邻节点又会将交易发送到其他的相邻节点，最终扩散到区块链网络中所有的节点上，从而实现用户与用户之间资源的直接分享与利用。

所以，P2P 网络技术就是一个非常对等、非常高效的传输协议。成千上万个彼此相连的节点都处于对等的地位，并且可以自由进入和退出网络系统。正是由于 P2P 网络技术的这个特性，保障了区块链技术是一个分布式的、去中心化的系统。

1.4.2 加密技术

在加密技术方面，区块链使用的是非对称加密算法。非对称加密，即加密一条信息实际上不是用单个密钥，而是用公钥和私钥两个密钥，它们可以保证在分布式网络中点对点信息传递的安全。

公钥是全网公开可见的，所有人都可以用自己的公钥加密一段信息，生成一个哈希值，来保障信息的完整性、真实性，并保证信息传递双方在不用信任的网络上安全地传输密钥。

私钥是不公开的。信息拥有者要高度保护私钥的安全，因为被公钥加密过的信息只有拥有对应私钥的人才能解密。具体来说，这种非对称密钥的工作原理是，在区块链的信息传递过程中，信息发送方使用私钥对信息签名、使用信息接收方的公钥对信息加密；信息接收方使用对方公钥验证信息发送方的身份、使用私钥对加密信息解密。公私钥加密与解密的成对出现保障了信息的完整性、一致性、安全性和不可篡改性。

邹均介绍，除了非对称加密算法之外，在密码学技术里，还有非对称的数字签名技术、保证数据唯一性的哈希技术、保护信息传递双方敏感信息的隐私保护技术和包括

防攻击、身份认证、授权等在内的安全技术。基于密码学产生的安全技术，是区块链的核心安全技术。

1.4.3 智能合约

“智能合约”这一术语是由法律学者尼克·萨博（Nick Szabo）在1995年首次提出的。他给出的定义是：智能合约是一套以数字形式定义的承诺。大众可以把智能合约理解为一种聪明的合约，它允许在没有第三方监督的情况下进行可信交易，这些交易可以追踪且不可逆转。

邹均对于何为“智能合约”给出了更为生动的解答。他认为，可以将智能合约理解成我们日常生活中经常可以看到的ATM或咖啡机：它们都是在一定的外界触发条件或一定的规则下来自动实现特定功能，并没有任何人为的因素从中干预。在商业活动中，线上交易提出了简化交易流程的要求，同时提供对应的安全保障，而智能合约扮演的角色就是将交易双方的条件设定好、奖惩设定好，让交易双方在区块链上可以自动地、忠实地去执行这些合约，让人工无从对其实施干预。

1.4.4 共识机制

过去，我们在信任方面付出了极为昂贵的代价，而区块链将难以置信地改变这种情况。共识机制极具变革意义。

在一个分布式的网络里，没有一个中心化的机构，怎么能够形成共识呢？

邹均的答案是，用机器算法来形成共识，这是区块链能够形成信任的一个核心技术。

段永朝的看法是，今天的数字技术通过货币、价值链重构，生产方式重组，提供了共识机制的可能。共识机制的终极目的是把那些有良好愿望、靠谱的人，用一个靠谱的网络锁定在一种靠谱的状态。

“区块链并不是重构信任，而是干掉传统的信任。”段永朝认为，“在区块链时代，过去两百年来因为工业资本主义的发展和经济增长而遗漏的一些重要思想，将重新回到人类视野和舞台中央。这些思想包括三个方面，第一，自由人的自由联合，通过今天的区块链、机器人、人工智能，我们已经可以看到它出现在了未来文明的地平线上。第二，创造、创新和快乐，日益成为人类生活的必需组成部分，它不是必须靠出卖劳动才可能获得的消费品，而是生存的理由、生活的必需。第三，生产体系和价值分配方式，将从过去的先生产后分配、先生产后消费，变成边生产边分配、边生产边消费。”

“所以说，区块链正在孕育一个伟大时代的到来。过去被认为颠扑不破的那些法则、原则通通都可能消散无形，它会被这个越来越连接、越来越信任的世界融化掉。”

“这是一种知足的社会，每天的创造和每天的生产都服从于一个刚刚好的需求。你愉快地生产着你擅长生产的产品，同时你就能够收获你知足的快乐，这样一种伟大的社会，正在地平线上喷薄而出。”段永朝如是说。

1.5　区块链的四大特性

区块链的去中心化特性，是个争议性很大的、敏感的问题。有人说去中心化是最伟大的特性，有人说这是个伪命题，还有人说这不是去中心化而是群中心化。

关于这个问题，技术专家邹均从技术方面进行了深度剖析。区块链有四大特性，第一是去中心化，第二是透明性，第三是信息不可篡改性，第四是隐私匿名性。

1.5.1 去中心化

在传统的交易管理中，可信赖的第三方机构持有并保管着交易账本，但建立在区块链技术基础上的交易系统，在分布式网络中用全网记账的机制替代了传统交易中第三方中介机构的职能。简单来说，区块链去中心化的实质就是去中介、去掉人为因素的干预和一些不必要的环节，去掉一个中心或中介来为信任背书。这种去中心化的信任机制可以让人们在没有中心化机构的情况下达成信任的共识。

但区块链也并不是绝对的去中心化。架构不同，去中心化的程度也不同：根据应用场景的不同，可以有完全去中心、多中心和弱中心。就像常说的公有链，它是一个开放给所有互联网用户的去中心化分布式账本，比如比特币、以太坊，都是完全去中心化的公有链架构。但是有些场景中，比如银行之间做的支付交易、跨境支付交易等，实际上是几个银行之间构建一个联盟链，是介于公有链和私有链之间的一种账本结构，是部分去中心化。再如，在一个企业内部构建的私有链中，区块链的共识机制、验证、读取等行为均由一个实体控制并只对实体内部开放，这种架构的中心化程度就是偏高的。

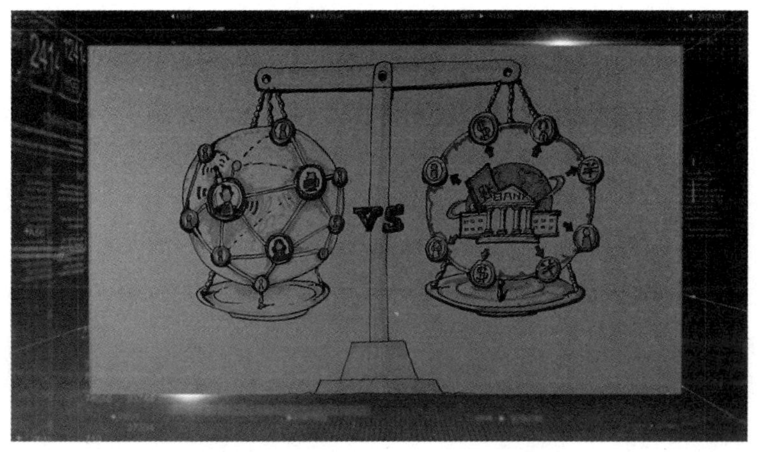

1.5.2 透明性

区块链的透明性，实际上是指交易的关联方共享数据、共同维护一个分布式共享账本。因账本的分布式共享、数据的分布式存储、交易的分布式记录，人人都可以参与到这种分布式记账体系中来，账本上的交易信息也对所有人公开，所以任何人都可以通过公开的接口对区块链上的数据信息进行检查、审计和追溯。也正是因为区块链分布式共享账本的高透明性，所有关联方都可以确信链上数据库中的信息没有被篡改，也无法被篡改。交易数据的随时可见、可追踪，实现了公众对操作行为合规性的共同监管。

1.5.3 信息不可篡改性

区块链是用一条链来链接的密码学技术，特别是哈希算法，可以保证任何交易都不能被篡改，因为一经修改，整条链都会变化。在区块链上，各个节点都保存有一份账本的信息，最终所有的节点都要去公认出一条最长的链来作为这份账本的最终状态，即一个又一个新产生的区块节点在经过验证后，会不断链接到现有区块链链条的尾端，每个节点也都将拥有一份完整的账本备份。因为链上每个节点的交易信息都要通过对应的每个交易发起人的私钥来签名，所以首先，这个交易是不可能被伪造的，其次，交易信息上链之后，除非所有人公认，或者同时控制住系统中超过 51% 的节点，否则单个节点对数据库的修改是无效的，也是几乎不可能实现的。因此，区块链的信息不可篡改性，是非常有保障的。

1.5.4 隐私匿名性

隐私匿名性，就是指区块链利用密码学的隐私保护机制，可以根据不同的应用场景来保护交易人的隐私信息，交易者在参与交易的整个过程中身份不被透露，交易人身份、交易细节不被第三方或者无关方查看。

通过密码学的隐私保护机制，区块链技术解决了节点间的信任问题。因为节点之间的交换可以遵循固定的算法，并且区块链中的程序规则会在数据进行交互活动时自行判断活动的有效性，所以链上的数据存储和交互可以在匿名而非基于地址和个人身份的情况下进行。无须通过公开身份的方式即可让对方对自己产生信任，这对信用的累积是非常有帮助的。

1.6 区块链精神

有一天大半夜，某知名天使投资人给我发了一条微信：你想想，区块链的精神是什么？我写了一段话给他，他看后发来信息“差不多吧”。我把这段文字又发给蔡文胜，他说“基本上就是这个意思”。回头一看自己写的那段话，我自己都觉得颇为刺激，以至于现在都不愿意把它公开。

相比别的技术，区块链更吸引我的重要的一点是：它是一种有精神的、自带正确价值观的技术。区块链和所有其他技术不同的地方在于，它自带正确的、基于人性和人的深层次需求的价值观；区块链不是来改变世界的，简直是来拯救世界的。

对于精神，有一种惯常的解释是：它是生物体的脑组织里面释放的一种不可见的能量。如何理解区块链精神，理解这种精神有什么好处？

在我们的专家组成员段永朝看来，区块链就是用来解决从农业社会到现在，数千年来人类没有解决的财富分配问题，或者说财富生产和分配背后的公平正义问题。今天，实践走到了理论面前，区块链用大无畏的勇气和技术的支撑，展现了一种公平和效率可以兼得的曙光。

理解区块链，就要挖掘区块链精神。理解区块链精神，首先要理解互联网精神。段永朝坦言，互联网是 20 世纪留给 21 世纪最伟大的馈赠。要理解互联网精神，仍然需要把它放到互联网的精髓之上去理解。

互联网的精髓至少包括三个层面。第一，它代表着新的物种的孕育；第二它代表着万物互联；第三，它意味着一个充分协作与分享的精神和思想的流动。这三个思想，任何一个都足够伟大，但是如果我们把眼光投到当下现实的互联网中就会发现，不管电子商务、移动互联、社交网络还是电子游戏，与这三个伟大思想之间都存在巨大的差距。

而这个巨大的差距，就表现为当今世界的底层逻辑并没有发生根本的变化。在这种情形下，今天的商业逻辑，其实依然没有脱离两百年前资本主义商业逻辑的束缚。在这样的背景下，我们来理解区块链的伟大意义，即区块链就是试图从底层的商业逻辑上重新改写这个世界，它肩负着这样的一种历史使命。

邹均理解的区块链精神是公平、公信、公正、共治、可问责。这体现在区块链上的协议和合约可以被机器忠实地执行；区块链上的交易公开透明，交易状态经过全网的节点共同确认，形成共识；区块链上的交易可追溯、可审计。

对于技术人员来说，区块链实际上是一个全新的、开放的平台。这个平台，强调开放、共赢、创新，按贡献来获取激励，大家都是按照共识来发展。所以，区块链平台里面大部分都是开源的平台，这些平台并没有属于某一家公司。

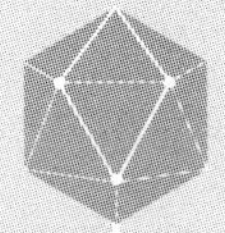

第二章 02

靠谱人的靠谱联合改变世界——区块链带来的八大变革

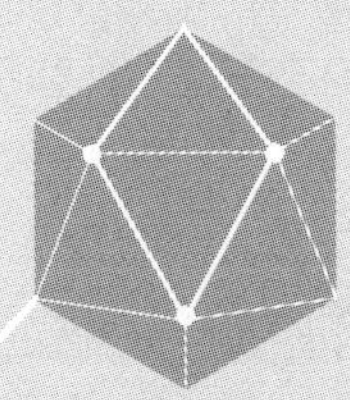

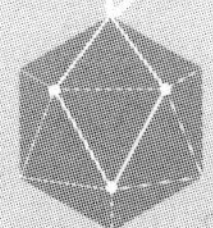

25 年前，当互联网刚出现的时候，只有少数先知率先觉醒；对于区块链，我们也会看到许多先知先觉者，在大声宣布一个伟大时代的到来。区块链将重新构建企业，重新构建这个世界的生产方式、消费方式、组织方式，乃至于分配方式。区块链将带来伟大的变革，主要体现在以下八个方面：

1. 靠谱人的靠谱联合。

2. 降低信用成本，实现自我净化。

3. 可追溯性决定：记账就得认账。

4. 创作者权益得到保护，普通人参与利益分配。

5. 拥有真正属于自己的资产。

6. 部分地实现去中心化，权力回归个体。

7. 大规模全球协作形成。

8. 财富被大量创造并惠及所有人。

2.1 靠谱人的靠谱联合

段永朝认为，首先，区块链是一个网络，它意味着越来越紧密的连接，而且，这个连接突破了物理连接，进入到了价值连接的层面。其次，区块链越来越多地让价值和思想、情感在链上流动，这意味着越来越多的靠谱的人被连接起来了。换言之，并不是区块链的哪一个先知先觉者把价值观注入到了区块链里，而是越来越多靠谱的人愿意以这种方式连接在一起。而这种靠谱的人的连接产生的价值观，在向着一个有益的方向进行演化，这就是未来的演化方向。至少，这种方向的可能性，现在展现在我们面前了。

2016 年 3 月，医疗行业巨头公司 Philips 在阿姆斯特丹正式成立了区块链实验室，目的是探寻区块链技术在医疗健康行业的巨大应用价值。而在此前，Philips 先后宣布与区块链数据存储初创企业 Tierion 和区块链技术专家 Gem 达成合作，旨在为病人提供隐私及敏感数据的区块链解决方案，以及开发区块链医疗网络、建立一个支持全球通用的医疗数据基础设施。此外，Philips 还在全球寻找有意向的合作伙伴和开发者来共同合作这个项目。从这个案例中我们可见一斑。

2.2 降低信用成本，实现自我净化

经济活动离不开成本，比如人们常说的金钱成本、时间成本、沟通成本等，而这其中信用成本最让人挠头。美国著名教育家约翰·杜威说："被人尊重和信任的欲望是人类天性最深刻的冲动"。信任对于人类社会的重要性，就如同空气和水对于生命体的重要性。信任不仅仅是人和人之间关系的润滑剂，也会赋予商业新的能量。而区块链，将给人们带来一种聪明的信任。

20 世纪 40 年代，德国哲学家卡尔·西奥多·雅斯贝尔斯在他出版的《历史的起源与目标》一书中提出了"轴心时代"的概念，轴心时代的先哲们都在不停地追问一个问题"人们如何才能够好好相处、彼此信赖？"他们最终达成了这样的共识：己所不欲，勿施于人。

那么，人与人如何形成一种稳定的信赖关系呢？先哲

们通过多次实践、思考和观察，形成了一种朴素的认知：用中国谚语来说，就是“日久见人心”。即通过重复打交道，经年累月，才能了解一个人的内心世界和道德水准，判定他是否值得交往。

段永朝认为，恰恰是“日久见人心”这样一个朴素的认知，使交易成本变得昂贵。如果一个社会需要多次重复博弈才能够建立信任，那就意味着巨大的资本、资源和能源的浪费。但是，区块链将为高昂的信任成本带来改变。

以色列投资人、营销专家 Nimrod May 曾任 Woo.io 首席营销官、风投公司 RDSeed 的 CEO，现任 Sirin Labs 首席营销官，他是区块链技术的忠实信仰者。他是我 2018 年 5 月以色列之行中的六位受访嘉宾之一。在 Nimrod May 看来，总体而言，区块链技术是基于计算机预设流程之上的，只有在智能合约的自动管理下，各签约方才能达成共识。

智能合约比人治管理更为便利，只有在各方兑现其承诺后，交易才能达成。所以智能合约是完全公正客观、不偏不倚的执行者，可谓是最安全可靠的交易方式。区块链中的交易过程之所以值得信赖，是因为其执行者是一台计算机，所运用的是智能合约算法。在交易的过程中，智能合约就像信号灯一样控制着一切。

区块链技术能够大大增强交易方之间的信任。它将在全球范围内创造出一套十分公平、公正和平等、互信的商业交易流程，成为未来商业交易的主要方式。

2.3 可追溯性决定：记账就得认账

白硕和郑砚农两位专家认为，在区块链时代，做假账要小心了。在区块链上，商业组织无法再做假账了。只要记账就得认账，所以不能做假账，也不能赖账。此外，那些和商业无关的、广义的账本和约定，也得如此。

邹均认为，每个公司都有自己的账本，而随之而来的问题就是容易造假账。区块链实际上是一种共享账本，这个共享账本上保留着所有交易记录。从第一笔交易到后续的所有交易，都可以在区块链这个账本上进行追溯，而且区块链能够实现自动验证和自动对账，让造假非常困难。区块链上面的交易，不是简单的你买我卖，而是可以被抽象地理解为任何一种资产的转移，它能够把所有状态的变化记录在档案上。

武卿与各位嘉宾现场讨论图
（从左往右：段永朝，白硕，郑砚农，吕旭军，武卿）

2018 年 6 月，我在北京邀请了白硕、段永朝、吕旭军、郑砚农四位嘉宾，大家围绕区块链展开了一场持续数小时的讨论。关于区块链的可追溯性，世界区块链组织首席科学家、阡寻科技董事长白硕说，区块链有两个特点尤其打动他：

- 第一个特点，记账。从广义上来理解，价值的发生和转移、相关状态的记录都是记账。存储账目信息是“记账”第一个层面的意思。从深层次去理解，那就是区块链是用一种复杂的技术方式，按照时间顺序，从前往后将所有的数据区块串联在一起。在这个过程中，链上每个区块的位置都是相对固定的，顺序无法颠倒，而且每一个新区块在上链之前，都必须经过上一个区块的检验。如果链上有任何一个中间环节对不上，那整条链上的记录的真实性都无法得到保证。所以说，区块链就是一条记账的历史长河，链上的任何一个记录都必须和这个长河恰如其分地搅在一起，而改变链上的数据就相当于改变历史。要改变历史就必须经得起历史长河里所有后续事件的检验，如果检验不通过，等于这段历史你无法篡改。

- 第二个特点，认账。认账是群体或集体达成共识、形成一种集体见证的方式。在认账方面，白硕的看法是，一个人记账不管用，但很多人来记账，其权威性就上来了，比如说遗嘱。如果立遗嘱之后交由程序强制执行，立遗嘱的老人把财产分给了谁、分了多少就都一目了然了。虽然遗产是动态的，有进有出，但比例是固定的，最后只要将遗产实际剩余的部分按照约定比例分配即可。再比如，遗嘱中有时会考量儿女看望父母的次数，次数的多少会影响财产的分配，而这种差别也可以通过智能合约体现出来。

（白硕）

区块链 1.0 完成了记账认账的功能。和区块链 1.0 时代的静态记账不同，随着技术的发展，区块链 2.0 时代的智能合约使价值在一段代码的逻辑控制下实现了再分配，因此账从此可以动起来。这种动态记账是程序控制的结果，可以说它自带了商业模式。

国务院发展研究中心世界发展研究所原秘书长，国家统计局 (CSISC) 品牌专家、大数据智库专家郑砚农从 2014 年开始对区块链产生兴趣。在信息碎片化、信息大爆炸的年代，如何利用科技、利用技术代替主观判断？ 郑砚农认为，这正是区块链可以发挥作用的地方。不管是从技术角度，还是从社会意义、社会价值层面，区块链在这个方面的功能都打动了他。

郑砚农以一家三口人记账举例：如果让孩子记账，孩子就可以自己动用钱；如果是爸爸、妈妈和孩子一起记账，那孩子就无法私自动用钱。一起记账就是分布式记账。另外一个例子更加形象。从广播的角度讲，就像电影《有话好好说》中张艺谋扮演的角色在楼下喊："安红，我爱你！"这么一喊，所有的人便都知道了，此时就没有办法再说自己没有说过这个话了。所以，这种记账方式是不可篡改的。

电影《有话好好说》片段

数字经济之父唐塔普斯科特也十分看好区块链的记账、认账功能。他在《区块链革命》一书中曾提到，有大量的数据显示，当非政府组织、政府和个人捐助者向国外受难者提供援助时，部分腐败的政府官员、当地豪强和其他中间负责人在援助抵达救助对象之前，就已经监守自盗。但区块链可以在这种人道主义援助上提供相应的帮助。区块链可以摆脱中间人作为大量援助转移渠道的媒介作用，以此来减少直接挪用救援物资和盗窃的问题。其次，区块链作为记录救援资金流动的一份无法篡改、公开透明的账本，它迫使链上所有相关方都正当行事、恪守合约，如果有一人违反，这种违约行为就会被所有人看到并会因此被勒令去承担违约责任。

打个比方，像联合国儿童基金会这样的慈善机构就可跳过当地的政府组织，直接利用区块链为贫困儿童募集资金。不同的援助个体作为区块链分布式网络中的一个节点，共同记录和管理所有资金记录，而被援助个体可在链上签约申请救援福利。只有当特定的救援物资被交付时，这些交易才能在账本中被打上时间戳，因此，过程中无法弄虚作假。

2.4 创作者权益得到保护，普通人参与利益分配

小时候，我们都喜欢看1986年版的《西游记》，对其中好听的音乐印象尤为深刻。但是这个版本的作曲家许镜清老师曾公开说，三十余年来，他创作的这些音乐积攒下来的所有版权费加到一起还不足7万元，这其中还包括40家使用他音乐的网站所支付的1万元。

2015年，我离开央视创立了奇霖传媒。作为一个原创视频内容的生产者，奇霖传媒所创作的系列纪录片《硅谷大佬》也经常会被各种企业组织、商学院用作培训的教材，我们却从来没有因此而收到过任何版权费和使用费。

目前，大众的阅读方式已从传统的纸质媒介向新兴网络媒体转移，如在线阅读电子书、电子杂志、在线观看电影等。有预测数据显示，到 2020 年，我国网络出版将在整个出版产业中占据 50% 的销售额；到 2030 年，网络出版的图书将在出版产业中占据 90% 的比重。尽管国家先后出台了各种知识产权保护的政策和法律法规，但盗版侵权事件屡禁不止，如擅自盗用、剽窃他人的创作成果，通过建立共享资源平台来传播未经授权的数字作品等。据艾瑞统计，仅由盗版网络文学造成的经济损失每年就已达 80 亿元人民币，其他方面的版权侵权对产权方所造成的经济损失更是不言而喻。在邹均看来，我们现在所处的时代，实际上正是处于从信息革命跨入到数据革命的时代。在信息革命时代，我们强调的是知识产权等生产力的标志；而大数据时代则呼唤一种对很多数据进行处理并从中提炼有用信息的能力，实际上是数据采集能力和数据处理能力。大数据时代的矛盾是：数据权益如何确权？数字资产如何实现安全的转移？现阶段，创作者在贡献了内容之后通常得不到应有的回报，因为平台方往往会垄断这些数据。数字经济时代，诸如此类的很多数据权益，其实都没有得到保障。

区块链可以为这些数据进行确权，并保障这些数据属于真正的创造者。区块链还能够将这些权益变成价值流通，并保证这些价值在经济体中安全地进行转移。在数字经济时代，区块链堪称这种价值互联网的一个基础设施。

区块链将为处于食物链底层的创作者带来福音。拿音乐创作来举例，在区块链系统上，每个人都可以看到自己写的每首歌带来的收入，比如被音乐平台下载几次、引用几次、应用于商演几次等，相关的时间和收入都能被创作者实时获知。信息的透明不仅会彻底扭转创作者的弱势地位，还会加强他们和用户的互动，提高创作效率。

Daniel Peled是以色列投资人、企业家和比特币社区资深人士，他从2013年年底开始接触加密货币的投资。据他分析，五到十年前，人们把服务付费视作理所当然，但不过几年间，很多服务都开始免费了。我们平时使用的软件是免费的，比如，微信、谷歌、WhatsApp、Facebook，这些公司通过向用户投放广告来实现盈利。尽管用户参与了价值创造，但只有中心平台才是这些价值的受益者。以WhatsApp为例，Facebook以220亿美元收购了该公司，但仅有约30个员工和少数几个投资人在此交易中获益，但彼时WhatsApp在全球的用户已经超过4亿。

而区块链创造了新的模式。现在，这些应用可以利用数字性稀缺资产——加密货币在全球进行微交易的特点来奖励这些用户，提升他们的积极性。这一变革可以大大保障用户的利益。

2.5 拥有真正属于自己的资产

为了降低通胀的影响，人们往往会将投资组合多元化。做理财的人经常说的一句话是，鸡蛋不能放在一个篮子里，要分投在多个篮中。在区块链时代，数字资产成了被投资的项目，而且这个市场越来越庞大。比特币是该类别数字资产下的第一项产品，随后又产生了其他货币，但几乎所有货币背后的原理都相似，都遵循这样的原则。

2016 年 5 月，在以色列的访谈现场，Daniel Peled 对我说，从投资的角度来看，数字资产这种新的资产类别非常有趣且回报颇丰。有趣的地方在于，当聪明的人类觉察到法定货币易受到通货膨胀的影响而导致购买力降低时，便纷纷开始选择一种多样化的投资组合形式：一部分用来投资股票股权，一部分用于购置房产或购买储备黄金等。但随着加密货币这一新资产类别的出现，每个投资者都可能将其纳入到个人的投资组合之中。Daniel Peled 建议投资者将 1% ~ 2% 的资产投资到这一增长迅速的新资产类别中，以增加投资组合的多元性。

卡马斯是美国社交网站 Facebook 的核心成员，曾长期担任 Facebook 的副总裁。2013 年 4 月，在科技博客网站 TechCrunch 举行的 2013 TC Disrupt 创业公司大会上，卡马斯公开表示："我个人的风险资金中有比特币，我的基金中有比特币，我的私人账户中也有比特币。"

以色列风险投资专家、Singulariteam 创始人 Moshe Hogeg，现在是以色列最活跃的风险投资人（VC）。他的观点是：人们投资的其他资产，如艺术品、汽车、房地产、股票，甚至是银行的存款，都可能被政府一键按下而收缴。但比特币和其他加密货币是个人唯一能真正拥有的资产，因为去中心化，没人能从你手里夺走它。比特币投资根本不用进行分散投资，你就可以拥有大笔财富。投资者可以用 5%、2%、50% 等比例进行资产配置，这取决于个人喜好。Moshe Hogeg 认为，未来，我们会看到越来越多的、由不同公司支持的证券代币和不同类型的数字资产诞生，这会导致整个行业变得更加繁荣，以养老基金、对冲基金为代表的金融机构也会借此更顺畅地进入到这个备受安全监管的领域和行业中来。

任何资产都可以被数字化或代币化。资产被代币化后，可直接与黄金和美元等实物资产挂钩。这称为实物资产的区块链映射。当资产被数字化或代币化后，部分利润可以进行共享，使资产实现流动。比如说，因为急需现金，一个人想出售一栋公寓楼，或者只想卖几个单间。这时可以把公寓代币化，这样任何一个人都可以购买房子的一部分，哪怕只有一平方米，而购买者也能通过此种方式将房屋出租以获得月租。而当房屋所有者要出售这处房产时，之前的购买者也能将他的那部分卖出，并且购置的面积越大，能够出售的部分就越多。这一流动性变革是非常激动人心的。Moshe Hogeg 认为，该技术意义非凡，会带来翻天覆地的变化。

“真正拥有”，这是数字资产特别吸引人的地方。除此之外，数字资产的流动性，也将为人们带来难以想象的便利。2018 年 10 月，在花旗银行举办的数字货币研讨会上，Ripple 公司的全球战略客户主管 Marcus Treacher 在接受采访时表示，未来数字资产在金融服务体系中充当重要角色的途径主要有二：即时支付，即区块链价值；流动性的交付，它将是未来我们在数字资产上看到的最主要价值之一。

2.6 部分地实现去中心化，权力回归个体

去中心化，是区块链的四大特性之一。这是一个很有争议的问题，以至于在 12 集节目中，最起码有 4 集涉及这个问题。有人说没有真正去中心化，这根本就是个伪问题；有人说不是去中心化，是群中心化。但是无论如何，发生在比特币等数字资产上的故事已经告诉我们，权力可以不再经过中介组织，直接回到个人手里。

以色列投资人 Moshe Hogeg 举例说，假如我在以色列有一处不动产，政府只需登记就能把它收回；存有大量法定货币的银行账户也是一样，只需一键，资产就能被银行，或者是银行内的小职员以各种合法或非法方式盗走。虽然保险公司会赔偿损失，但财产的实际控制权并不在我手里，即使这笔财产属于我，我也不能控制它。当储户需要转账时，银行会问转账理由，而比特币从来不会问。

在李钧、长铗等著的《比特币——一个虚幻而真实的金融世界》里，作者针对比特币的转账机制，言简意赅地举了这样一个例子：假如 A 有 100 个比特币，他要转账给 B，那么首先，A 可以写一条信息编程指令，从 A 地址转账 100 个比特币到 B 地址；接着，A 用自己钱包里的私

钥加密并将其传播到整个比特币网络上，网络上各个节点的人都会用A的地址（即A的公钥）去解密验证这条信息确实是由A发出；同时，通过历史交易数据，区块链网络可以快速计算出A的地址确实拥有100个比特币。如此这般，整个网络就都会去公认此次转账操作有效。表面上，虽然比特币的支付概念类似于银行转账，但这种转账体系中并不存在类似于银行这样的可信机构去扮演任何中间或主导性角色，取而代之的是，人人可充分享受自由和平等的待遇。

去中心化使资本产生了流动性，让权力重归人们手中，让财产属于自己，没人能够拿走资产的钥匙。你有能力创造价值，同时有权力掌管该价值。“于我而言，这就是自由，而且绝对是一场精彩纷呈的变革。”Moshe Hogeg说。

作为区块链的忠实粉丝，Nimrod May在访谈中质疑道，银行并没有资格从自己的血汗钱中抽成，无论是跨境转账还是境内转账，我凭什么要支付手续费呢？这种权力并不合理。

当Nimrod May第一次购买加密货币时，尚未想到它会给自己带来那么多快乐，也未预料到它巨大的潜力。不需要通过诸如银行的中心服务平台，个人也能掌控自己的资产。区块链技术是人性化的，Nimrod May 几乎可以肯定，由权力中心提供的中心化服务将逐渐转变为去中心化服务。他相信，权力最终会重回大众手中，而区块链将在极大的程度上改变世界和世界经济，尤其是金融市场和银行业。

2.7 大规模全球协作形成

比特币和以太坊已经用一种完全崭新的方式创造了大量的财富。区块链到底会创造多少财富，一直是一个特别有争议的话题。

在 Daniel Peled 看来，区块链技术带来的最重要且具影响力的创新，就是形成了大规模的全球协作系统。现如今，全球范围内主要有两类公司：一类是营利性公司，譬如大众熟知的微信、谷歌、Facebook、Instagram。这些公司研发技术，拥有技术的相关知识产权并以此创造营收，然后再通过分红的方式将利润返还给股东。第二类公司采用开源模式，同样为世界带来了巨大的影响，比如维基百科——当今全球最大的网络百科全书及在线数据库，但这类公司由于其开源性特征，往往都很难盈利。

区块链的出现，创造了新的公司运作模式，让开源模式的公司也能依靠其创造的技术和产品获得收入。以太坊就是最好的案例。

2014 年 6 月中旬，以太坊首次发行代币，当时定价是每枚 30 美分；2018 年，每枚以太坊代币的市值约 650 美元，价格最高时高达 1400 美元。每个处于这一区块链生态系统中的人都共享了这一财富增值。以太坊是一个非营利性基金，与该系统中各方之间并未缔结任何法律协议。以太坊虽不以营利为目的，却依旧创造了大量的财富。这些财富激励了各方共同协力，组建起以以太坊代币为中心的联盟。

从协作这个维度来说，区块链是一个大规模的协作工具。这个工具可以为我们展现一个无限广阔的全球互联世界，让原来根本不敢想的事情变为可能。大规模全球协作将成为新的思维方式和工作、生活方式，全球化协作社区将得以形成，全球大协作时代即将到来。

2.8 财富被大量创造并惠及所有人

2016 年，在奇霖传媒制作的系列纪录片《硅谷大佬》

当中，我采访了全球第一大大数据公司Palantir的联合创始人Joe Lonsdale。在做那个节目的时候我意识到，大数据给人类提供了一种从更广泛的视角观察世界的机会。我想探讨的是，如果区块链加上大数据，再加上人工智能，三种技术合力将意味着什么呢？

（武卿采访Palantir的联合创始人Joe Lonsdale）

中国科学院自动化研究所复杂系统管理与控制国家重点实验室主任王飞跃认为，区块链诞生的背景是2008年的经济危机，是一场对美国建立的信用体制的巨大冲击。

2010年，王飞跃远赴伦敦，参加英国皇家学会成立350周年的纪念活动。在英国皇家学会组织的人工智能相关的研讨会上，关于比特币和区块链的多方争论，给他留下了深刻印象，也让他第一次知道了 TOR 与区块链的关联。正是这次伦敦之行，唤起了王飞跃接触区块链的初步兴趣，也促使他所在的团队成为中国最早在理论方面研究区块链的科学院团队；也正是因为这次伦敦之行，王飞跃发表了国内第一篇关于区块链技术的学术展望与综述论文。

在王飞跃看来，大数据的实质就是两句话：“要拿数据说话”“预测未来的最好方式，就是创造未来”。归结一下就是：第一，数据说话；第二，预测未来；第三，创造未来。如果只考虑大数据，特别是无结构碎片化的大数据，人工智能就如同沙漠筑楼，很难有所建树。王飞跃指出，区块链就是未来智能社会的钢筋混凝土基石，而在这个基础之上，我们可以把智能技术变成通向智慧产业与经济的“真道”，这就是区块链智能的真谛。

可以用两个词来解释区块链智能变革为“真道”的要义：“TRUE”和“DAO”。

- “TRUE”：“T”是 trust，可信；“R”是 reliable，可靠；“U”是 useful，有用；“E”是 effective 和 efficiency，即有效和高效。“TRUE”，意为用正确的方法去做正确的事。

- “DAO”：“D”是 distributed 和 decentralised，分布式的和去中心化的；“A”是 autonomous 和 automation，自主性和自动化的；“O”是 organized 和 ordered，有组织有秩序的。“DAO”，意为人人是中心，事事是中心，拿数据说话，拿合约说话。这便是区块链智能给我们带来的真道。

从经济学角度来讲，区块链智能将带来一个智能产业的新世界。它把“注意力”和“信用度”变成可批量生产、可流通的商品，大大地扩展了商品空间和提高效益的途径。其次，区块链智能对社会治理也将带来巨大的冲击。

区块链再加上大数据，可以让人工智能的火变成熊熊大火。从区块链内部层次考虑，现在的智能合约既不智能，也不是合约，但是如果能够真正地把人工智能放进去，就可以变成真正智能的、合约的法规。从外部考虑，将来人工智能加上 DAPP(Decentralized App) 分布式应用，内外结合，就能把人工智能的大火真正地烧起来。

人工智能与区块链结合，是一个有利于人类发展的结合。在区块链到来之后，区块链结合人工智能，就相当于以后在水泥钢铁的地基之上建楼，建几十层、几百层的摩天高楼都可以。对于王飞跃个人来说，这是区块链之所以重要的最根本的原因。

但是人工智能和区块链结合也会带来一系列的问题，所以王飞跃提醒大众要有“三心”。第一，这是属于时代的技术，所以大家要有激动之心；第二，要有敬畏之心，因为区块链不是基因突变出来的新技术，更不是忽悠人的技术，而是实实在在的科学，是许多代科技人员科研成果的积累；第三，区块链就是一个技术而已，掌握在好人手里可以做好事，掌握在心术不正者手里，也能干坏事，大家对之要有平常之心。

在王飞跃老师说的“三心”之外，我想再加上“二意”：善意和诚意。只有这样，才能真正让变革顺利发生，我们才能真正地、充分地享受区块链。

在区块链+人工智能方面，邹均的观点是，未来，人工智能肯定会呈指数性的速度向前推进，这一点毫无疑问。但人工智能的发展在提供诸多便利的同时，也会带来很多威胁，如黑客侵入智能设备系统、注入木马病毒等。

这会带来很大风险。不过，如果是在区块链上，对此则不必担心。区块链是一个去中心、分布式的共享机制。如果有人作恶，共享机制依然能够确保大家对这个状态有明确共识。也就是说，在区块链上，少数要服从多数，少数坏人干不成坏事儿。

对此，邹均总结，区块链跟人工智能的结合更大程度上是一种管控和约束的技术，从而保证人工智能不走向当初我们设想的反面。

第三章 03

区块链对金融行业和世界经济的影响

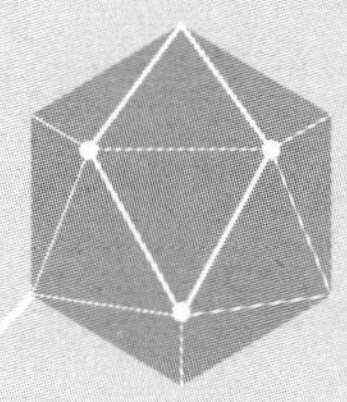

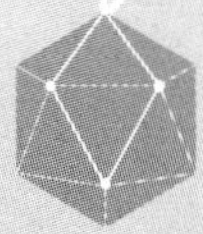

2002年，我加盟央视。当时我觉得，媒体的主要形态就是电视、广播和报纸。现在十几年过去了，互联网已经彻底地重塑了传媒业，无论是内容、渠道、受众还是管理机制都发生了非常大的变化。

打一个比方，如果把传媒业比做世界这个生命体的呼吸，那么金融业就是世界经济的血液。互联网已经重塑了传媒业，那么区块链又会给金融业带来怎样的改变呢？

金融机构是指从事金融服务的中间机构，具体可以细分为银行、证券公司、保险公司、基金管理公司等。大众已经习惯了汇款时通过银行等中间机构，但是，这一切也许很快会被改变。

金融业被迫改变，没有中间商的新金融体系

即将建立。

Daniel Peled认为，银行以及其他诸如PayPal、速汇金、西联汇款等服务之所以能占领市场头部位置，主要是因为竞争管理条例决定了市场准入标准，这也让极少数人垄断了整个行业。当今财政系统运作的方法是，由银行来承担中间商的角色，而银行就是一个关卡，它掌握着各类账款的所有权。

我们在商店付款时，相当于委托银行将数据库中自己账号的金额转移到商家账户中，并且从中抽走手续费。我们寄希望于银行能负起应负的责任，但是作为银行顾客的我们，与银行的KPI之间又有着明显的联系——银行要靠招揽顾客来增加营收，这就使得两者的利益无法保持一致。

区块链最打动以色利风险投资专家Moshe Hogeg的是它控制所有价值的能力，以及使价值流动化的能力。以保险公司为例，他们希望客户的投保金额越多越好；但当意外真的出现，他们又和客户想要的完全相反，希望赔付金额越少越好，最好一分钱都不赔。作为客户呢，他们则希望投保金额尽量少，而在意外出现时能获得尽量多的赔付。有了区块链，这种旧的利益冲突将被彻底颠覆。

在Daniel Peled和Moshe Hogeg两位以色列嘉宾看

来，无论是银行业、保险业还是其他金融行业的垄断者，都会因为区块链技术及附着其上的数字货币体系，被动地发生深刻而彻底的变化。

3.1 银行式微，金融民主化

Daniel Peled 认为，区块链技术让我们第一次有能力去构建一种无中间商的财务及银行系统。银行管账就是在划定的特定时间段内的财富归属权，而区块链可以用去中心化的方式做同样的事情，还能避免双重支付。在各大银行、政府和股东控制的旧经济体系中，有越来越多的资产正在转移出来。他认为，随着更多的资本流入，区块链能够创造出更大的连锁效应：人们不仅开始意识到现有系统的运转不灵，也有了把这种想法普及给他人的经济动力。

在 Moshe Hogeg 看来，金融机构是一种赋予人们投资、出售、资产流动化和资产购入能力的工具。我们今天看到的金融机构、交易所是所有这些功能的中心。在加密货币的世界，全球各地的小交易所都能提供交易服务，可供挂牌的交易所数量没有限制，可以二十四小时全天候交易，它们不放假，也不过周末，所以人们不需要局限于只在一两个交易所挂牌上市。Moshe Hogeg 坚信，这是对当今巨头的一个巨大威胁，情况不停改变，它们需要去改变、去适应。

一个没有中间商的新金融体系建立起来之后，银行等中间机构会消失吗？我觉得不会，因为技术无法完全代替人工。但是，区块链确实能让银行业产生巨变：金融业会变得越来越民主，普通人将会被真正公平地对待。

以色列嘉宾 Nimrod May 在多年前就对此感同身受。2014 年，以太坊刚刚启动不久，Nimrod May 坐在一个聚会的人群之中，听到台上有人提问：“有谁喜欢你们的银行？”当时只有一个人举手，而这个举手的人后来被发现原来是个银行家。当 Nimrod May 还在思考为什么要问这个问题时，提问的人解释说：“我们不需要被这些银行家们束缚，不要在使用银行服务时像挂着脚镣的囚徒，也不要因为银行去改变自己。你把钱存在银行，银行应该感恩你才对。”区块链技术和去中心化思想就像闪电一样，一下子击中了 Nimrod May，让他看到了光亮。

Nimrod May 告诉自己，现在就是尝试的机会，要去理解人类潜力的极限，要去思考怎样在该系统中占得一席之地。多年之后，回顾那时，这一瞬间真的改变了他的人生：很多迷茫都烟消云散，他突然能更清楚地看到自己的前进方向。他越来越相信该技术曾经的承诺，并迫不及待地想看到更多人参与其中。同样，以色列发展最快的视频共享网站MetaCafe的创始人、企业家、投资人Eyal Hertzog也持同样的看法。在他看来，区块链技术的一个伟大之处就是能够帮助人们实现潜在的金融创新。

关于此方面，我的观点是，不单是银行业，世界上所有的金融服务中间商，甚至包括其他领域，比如说音乐、通信等领域的中间服务商，迟早都会遭遇这一切。因为区块链自带一种价值观，一种消解垄断、拉平世界的正能量。然而，如同互联网技术一样，区块链技术肯定也有一个从弱变强、从单一到丰富的过程，随着技术的发展进步将不单会刺激金融机构，也会对金融技术、应用的创新带来影响。

现在的金融系统并没有公平对待每位顾客，存入银行财富的多少会影响顾客享受的服务范围。银行的商业模式旨在增收，这就导致有更多存款的客户可以享受更好的待遇，而在区块链中则遵循人人平等的原则，相同的技术产生相同的费用。毋庸置疑，区块链技术冲击了现有的金融体系，现有银行的主营商业模型将被取代。但同时，出于安全性考虑，我们还是会需要实体来保证资产安全，所以银行也将继续存在。因为现有金融体系不能保证其提供高效的服务，所以区块链会被应用其中来促使银行提升竞争力。

3.2 区块链驱动金融创新

Daniel Peled 推断，任何技术出现后，用户都会在很大程度上影响技术的应用。无论是互联网还是区块链，终究只是一项技术，而每项技术的应用都有两面性，最终取决于我们如何操作和应用。

金融是现代经济的基础和核心。在今天的金融体系中，银行充当了不同群体间分类账和会计系统提供者的角色。虽然互联网一直在推动着金融体系的重构，去中心化、去中介化的商业理念和商业前景也得到了市场的普遍认可，但核心技术保障体系的欠缺仍然是这一理念得以实现最大的掣肘。

互联网金融的发展虽让我们在一定程度上摆脱了传统的中心化机构的束缚和操控，但我们距离完全的去中心化依旧很遥远，甚至部分所谓的互联网金融平台，既无法实现完全去中心化的服务体系，又缺乏传统中心化机构所拥有的信用保障和风险防控能力，导致平台用户往往承担着巨大的潜在风险。

毋庸置疑，区块链能够帮助金融行业有效地降低成本、提升业务处理效率，并降低潜在的风险系数。区块链意图建立一个更开放、更透明、更易被便捷获取的金融体系，创造出新的价值连接方式和商业模式。有了区块链，我们能建立起一个没有中间商的新金融体系，移除金融服务双方对中间机构的依赖，进而加速金融交易的完成，降低交易成本，解决底层交易的成本和效率问题。通过去中心化的方式，区块链无须借助任何第三方机构，只通过分布式节点之间的相互验证和共识机制即可记账，可以在数字传输的同时完成价值转移，有效避免数字资产双花（二次支付）的问题。

在 Daniel Peled 看来，在西方，人们对拥有储蓄账户和贷款都习以为常，对对冲风险的概念也并不陌生。但是实际上，当今世界的绝大多数人都没有接触到这些金融服务的途径。尤其在发展中国家，有 30 亿人虽然拿着劳动所得的工资，但是根本接触不上现有的金融系统。

Daniel Peled 认为，技术的进步可以应用于解决发展中国家存在的诸多痛点，能够深刻地影响这些发展中国家的金融服务。未来，区块链技术会成为很多国家金融产业体系中的主干。

Eyal Hertzog 在以色列加密货币领域长期担任精神领袖角色。他的观点是，有了区块链技术之后就可以创造新的交易方式，比如证券型代币。虽然该种代币会受到更多约束和规范，但它的运作方式也非常有意思。举例来说，证券型代币能确保投资者从企业营销收入中获取回报，而不是从利润中获取。股份能让你从企业盈利中分红，而证券型代币能确保你从营销收入中分成，所以就不用担心企业是不是开支过高或者利润留存，因为投资回报是由营销额决定的。

我们正在见证从一种旧互联网金融技术向新互联网金融技术转变的过渡期。现在，很多企业都在发行证券型代币。改变才刚刚发生，一些金融机构已经开始意识到了这种转变，并且开始有所行动，进驻到区块链这一新领域中来，来有效应对在经济新常态下金融业出现的一系列挑战，构筑更普惠、更实时、更智能、更跨界、更高效的金融新格局。届时，区块链这一极具广阔发展空间的新技术，就像互联网一样，会在世界范围内释放巨量的潜力和创新力。

Nimrod May 认为，首先，金融服务将会被区块链技术彻底颠覆；其次，区块链能给服务提供者或服务接受者带来更多价值。大量应用区块链技术来降低运营生产、传输成本的情况，在很多行业已经发生。每一个行业、每一种服务都会使用区块链来提升并保证高安全度和可信任度。

2018 年 7 月 3 日，花旗银行首席技术官 Amit Varma 曾公开表示，通过使用区块链技术可以降低 70% ~ 80% 的供应链管理成本，区块链技术将为全球贸易各环节（从制造业到航运再到分销）的参与者大幅度缩减成本。上海证券交易所于 2018 年 7 月在其发布的一份研究报告中也明确指出，区块链技术在证券发行、交易、清算、结算和客户管理方面都有其适用的可能性，并且在降低成本、提高效率方面具有显著优势。目前，全球第一家区块链茶交易服务平台——茶链（tea chain）便利用区块链技术和智能合约降低了成本、提高了效率，其运营成本仅为中心茶交所的 1/10。

对于金融产业能否适应区块链时代的问题，Eyal Hertzog 认为，想要体现区块链技术对全球金融产业的影响，最好的方法是类比互联网对全球传媒行业的影响。金融产业应当适应区块链时代，就像当年的传媒行业已经适应了互联网并且得到重生一样。互联网曾在不同的时间、地点，以不同的方式，深刻影响过许多行业和人们的生产、生活。而如今，区块链再次把人们带到了变革前夜，带到了一个崭新的十字路口。全球金融行业正面临着机遇与挑战并存的现状，只有不断适应正在变化的新环境，努力寻求适应经济发展的新契机，将不适应时代发展要求的旧元素逐一剔除、增强核心竞争力，全球金融生态才能永葆旺盛的生命活力。

区块链作为一种更先进的解决方式和更先进的技术，具有低成本信用创造、分布式共享、唯一性、不可篡改性、可追溯性、自适性等优良特性，最终将造福于融入金融体系中的每一个人。在这里，我们将一起见证旧技术向新技术的过渡、各行业的飞速转换和全球经济的巨变。

3.3 区块链将深刻影响全球经济

第二章已经介绍了区块链将带来的八大变革，包括创作者的权益将得到保护、普通人将参与大型平台的利益分配以及大规模全球协作系统的形成等，都是从区块链如何影响个体的角度来探讨的。在接下来的部分，我们将聚焦区块链对世界经济的影响。

3.4 每种商业模式都可以创建自己的网络

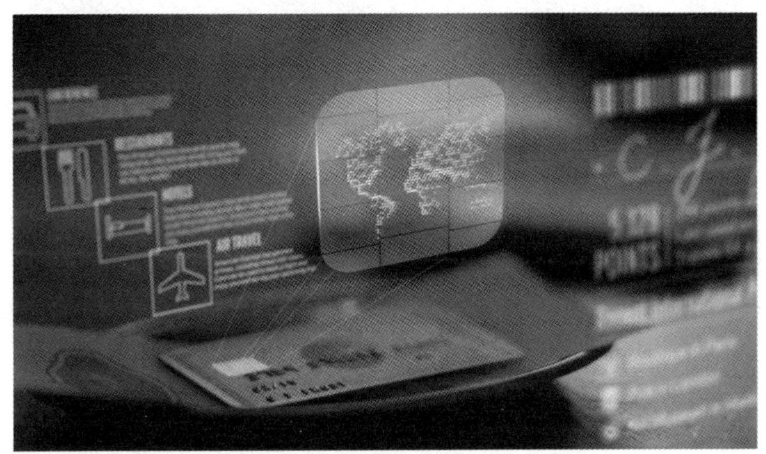

以色列企业家、投资人 Eyal Hertzog 始终相信，区块链技术允许人们通过建立行业的网络来完善各行各业。我们可以反思现有的模式，思考如何将其与新技术结合，使其更开放、更高效，带来更多创新潜力，因为有太多的创新技术尚未实现。

以太坊就是网络链接服务中一个很好的例子。以太坊本质上是经济体系，而不是公司，所以以太坊自身并不是一种商品。任何经济体系的主要目的都应该是发展，而不是营利。当你创造一个链接众多交易的经济体系时，你就创造出一种具有金融动力的上层结构，因为每一个参与以太坊的人，都会从经济体系的增长中获利。

Eyal Hertzog 认为，在这种结构或者体系下，人类可以创造出很多之前不可能存在的合作模式。拿云服务来说，作为一种中心化的服务，过去一直是由谷歌、亚马逊这样的巨头提供，但是，现在一些去中心化的云服务出现，新的产业经济正在形成。垄断被打破，众多企业在云服务行业中参与竞争，对用户来说当然是好消息。这意味着，大家能以最低的价格获得最好的服务。

区块链技术的一个伟大之处就是能够帮助实现潜在的创新技术。它不只能实现信息转移，还可以实现广泛信息的记录、追踪、共享，并帮助解决方案尽快落地。基本上，这一技术可以在不同的时间点、通过不同的方式，重塑所有我们可以想到的经济。

互联网就曾在不同的时间、地点，以各种不同的方式影响过许多经济，区块链技术对经济也会产生相似的影响。所以，现在的问题不是区块链将如何改变其他经济形式，而是在什么时间、什么地点改变其他的经济。因为最终，所有的经济都会受到区块链技术的影响。

常有人说，现在的共享经济不是真的共享经济，只有区块链驱动下的共享经济才能达到真正的共享。为什么现在的共享经济不是真正的共享经济？区块链驱动下的共享经济将会是怎样的一番图景？这对普通人的生活又会有什么样的影响？

王飞跃的答案是，现在的网约车根本不是真正的共享经济。首先，所谓的“共享经济”并不是真正的智慧经济，因为它不受约束、不高效、牟利方式不正确，既不是真正的分布式，也不是全中心，更不是去中心化，也没有实现自主自动化。它不是真正的组织化的有序性。区块链智能驱动下的共享经济才是真正的共享经济，是真正可靠、可信、可用、高效、有结果的共享经济，这才是未来的智慧经济。

从摄影爱好者吴国勇的作品《无处安放》中，我们看到了包括上海浦东、广州天河、北京通州、厦门同安等在内的全中国近20个共享单车坟场。这些画面告诉我们：所谓共享经济，目前还处于婴儿期。区块链将怎样为共享经济赋能？进入成年期后的共享经济，将来会是一番怎样的图景？

3.5 区块链带来真正的共享经济

以色列嘉宾Yaniv Feldman介绍，我们现在虽然有优步（Uber）和爱彼迎（Airbnb）等许多所谓的“共享经济”平台，但这样的模式中仍然有一个中心化的大平台，从各方抽成赚钱。但区块链可以提供更大的市场空间，且不需要中心化的中介平台来监管用户并从中抽取利润，因此，未来区块链中的交易一定会更受欢迎。

共享经济的目的就是赋予大众更多权力，让大众可以公平享有社会资源、互助互利互惠，通过不同的方式付出和从中获得经济红利、最终实现分配的合理性和公平性。网约车一方面让司机赚钱，一方面让乘客也有了更多选择，但这并不是真正的共享经济，而是“平台经济”或“分享经济”。平台的价值来源于平台用户，而这种模式的本质是依附第三方互联网平台，以租代买，使资源的支配权和使用权分离。

理论上来说，真正的共享经济应该是：用区块链来直接运作整个系统，如借助token这种技术要素来作为区块链网络上的价值传输载体，将用户对平台或社区的贡献量化并自动结算，给予相应奖励，让用户与互联网平台所有者可以共享平台价值的增值，而非让互联网平台所有者单独享受这一红利。

Yaniv Feldman认为，区块链的网络系统将会取代当今社会中许多大型服务中介平台的角色。未来，这种中间商运营和管理平台从中交易抽成的模式不会长久存在。区块链中会有一个自治的网络取代这个平台，并基于区块链的激励模式推进分享经济向共享经济升级，成为一个更高层级的新型平台经济。区块链将借助分布式账本和智能合约技术大幅降低契约建立和执行的成本，打破信任障碍，真正实现去中介化，从而打造真正的共享经济，全面开启共享经济的全新时代。

2017 年，迅雷推出中国首个共享计算（以区块链技术为基础，通过已授权的智能硬件设备记录、汇总社会普通家庭中闲置的带宽、存储、计算等资源，并通过跨平台、低功耗的虚拟化技术，以及节点就近点对点访问的智能调度技术，提供实现更快、更易扩展、更环保的计算资源）场景下的区块链应用——玩客奖励计划。通过玩客云智能硬件和区块链技术的结合，迅雷使共享经济业务规模实现了跨越式增长。截至 2018 年 4 月 16 日，迅雷通过玩客云与区块链技术构造了可信任的共享计算生态，通过区块链技术促使共享经济模式形成了规模化的商业应用，为全社会提供了 150 多万个加速节点和超过 1500PB 的海量存储空间、30Tb/s 的储备带宽，可以满足企业对存储、网络加速、边缘计算、函数计算等的各类需求，有效提升了社会资源的利用效率。

在王飞跃看来，中国人有很多梦想，从古人所说的

“天人合一”“知行合一”“大同世界”等概念可见一斑。区块链技术，让这些梦想从文学描述变成科学描述、技术方案，最后将在未来真正给人类带来“人机结合、知行合一、虚实一体”的“合一体”智能经济、智慧社会。

以色列嘉宾Daniel Peled认为，与区块链相关的技术像是一个大型社会实验，而这个社会实验对全球经济的持续撞击，是任何力量都无法左右的。这是人类历史上首次不需要中心化系统就创造出了数字化稀缺资产。有了区块链之后，控制者想关闭掉这项服务会变得非常困难。因为区块链不只是一项技术，同时也是一项社会运动。对于参与其中的正在钻研的人来说，它有着重大的哲学意义。越来越多的资本正在从传统的金融系统、从传统期权等市场中，转入到加密货币系统中去，这也是近年来加密货币发展迅速的原因。

预测未来并不容易。未来十年，世界将会怎样？我们脑子里可以想象这样一种画面：物联网会帮助这个世界随时随地紧密相连；25%的法定货币会被数字货币取代，这意味着，包括国际贸易在内的未来很多交易，会用数字货币来进行；许多职业会因为机器人的存在而消逝，老龄化将会变成一个世界级的问题；而生物制药的发展，可能会让很多制药公司宣布，癌症、糖尿病将会被彻底攻克。

3.6 未来预测："刚刚好"社会即将来临

段永朝得出一个结论：未来，我们所有熟悉的一切，都会被重新定义。在这种情况下，对我们每一个普通公众来讲，最大的挑战就是尽快地更新过去的假设：对人的假设、对世界的假设、对财富的假设以及对这个世界运行规则的假设。其中，最重要的假设就是，工业时代让我们越来越习惯于假设人是机器，这个假设今天已经彻底崩塌。我们需要了解，信息社会正在致力于把机器变成像人那样的状态。

区块链正在孕育一个伟大时代的到来，它是过去25年来互联网发展史上为数不多的几次重大变革之一。当新技术逐步渗透于经济、社会和生活复杂的动态过程中，它会为人类社会及其经济组织的运行方式带来颠覆性的变化。所以说，区块链带来的是一场深刻的革命，它对过去两百年来工业资本主义的基本的商业模式、商业逻辑和生产方式，将进行一次完全的颠覆，它所瞄准的就是过去商业社会的底层逻辑。这种颠覆性的技术，未来将重构互联网金融乃至整个金融业的关键底层基础设施，突破约定俗成的无数的条条框框的限制，从而踏入此前无法涉足的一系列全新的应用领域。

2017年7月，上海新金融研究院在其发布的名为《金融科技发展的国际经验和中国政策取向》的报告中指出，区块链在金融领域的根本性创新主要体现在三个方面：

一是彻底的金融资产数据化。区块链上的信息不可篡改和去中心化的数据存储方式，以及技术使用的便捷性和低交易成本，都可使其成为包括货币在内的各类金融资产数字化的最佳载体。

二是全新的实时数字化交易模式。不同于当前各类金融交易的T+N模式，区块链网络中将不存在“清算”的概念，所有的交易都是“发生即清算”，在交易完成的瞬间，所有的账本信息瞬间都完成同步更新。

三是革命性的“去信任”过程。区块链技术的运用将彻底颠覆金融体系中的信任模式，即从信任金融机构等中间机构的模式转变为交易双方互相信任的模式。也就是说，传统银行商业模式的底层逻辑将受到重大调整，银行的部分中介功能将不复存在。过去被我们认为是颠扑不破的那些法则、原则，通通都可能消散于无形。它会被这个越来越连接的世界、越来越信任的世界融化掉。

赵刚在《区块链——价值互联网的基石》一书中，也同样表达了他对未来区块链社会的憧憬：“区块链将构建起一个基于数学的全球信用体系，逐步改变市场中人们交易的方式，优化按价值分配利润的体系，在点对点的透明网络中，清晰地还原大众市场的供给与需求，激发人们相互认识价值、创造价值和交互价值。”区块链打造的可信社会体系，将帮助人、物、数据都变得真实可靠。

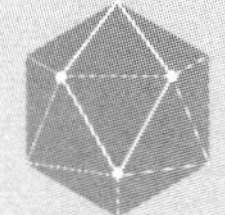

第四章 04

火烧赤壁——区块链点燃企业界革新之火

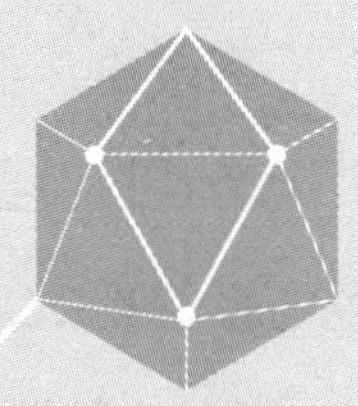

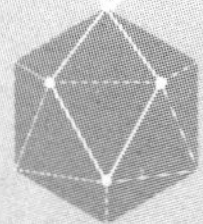

互联网刚刚兴起的时候，包括《纽约时报》在内的很多美国媒体发表了很多消极负面的批评文章，内容包括互联网可能会助长恐怖主义、会导致色情内容的传播等。我们发现，在区块链来临的时候，历史重演了一遍。比如，有人会担心说，区块链会帮助有些人推翻政府，会导致新的世界大战发生，还有很多人会在自己都不明白的情况下对区块链做出很多消极的判断，并试图影响他人。因为看不清楚，所以大家恐慌、焦虑，心里面五味杂陈。

作为一位前调查记者和区块链的认真研究者，我的判断是，区块链是一种超越了我们所在的这个时代的产物，它对社会、经济各个方面的影响是无法被阻挡的。在这个时代，我们每个人，尤其是企业人，必须为自己的命运负全部责任。

这一章我会站在企业人和创业者的角度上，深入地剖析关于区块链的几大要害问题。

4.1 企业家心法——面对区块链大潮的准备

古时，赤壁大战前，诸葛亮和周瑜共商对付曹操的战略。二人在手心各写一字，摊开手掌，都是“火”字。今日，区块链风潮席卷而来，在时代剧变的拐点，企业家们状态不一，有人完全没有觉醒，有人在观望，有人身手敏捷地跳进去，有人认为不是所有的公司都要上链……区块链对企业究竟会有什么影响，答案众说纷纭。

2018 年 6 月 9 日，在北京的一家茶馆，我邀请白硕、段永朝、吕旭军、郑砚农四位嘉宾围绕区块链领域的多个问题进行了一天的讨论。在这期间，我们花了很长时间讨论企业界的应对问题。

段永朝认为，当今企业界的企业家、企业领袖其实不乏有眼光者。他们手心里，其实都写了一个字，但是都没亮出来，或者在将亮不亮的一刹那。

“企业家手里可能捏着什么字？”

4.1.1 心法一：极——极客、极品、极致

我脑海中的第一个字是“极”，意思是，要在有可能、条件允许的情况下，把我们能在区块链领域做的事情做到极致，给我们的目标用户以极好的服务。这也是我成立奇霖传媒三年多以来，在新经济领域一直坚持做的事情。

（总导演武卿）

4.1.2 心法二：高——区块链为最高战略

拥有 20 多年互联网及软件开发经验的吕旭军，在中国、美国和欧洲均有多年从业经历，企业家的身份让他得以

对区块链有更深入的理解。作为网录科技创始人/CEO、万维链创始人，吕旭军认为，区块链不仅仅意味着一种新技术的到来，更承载着诸多企业的未来。

吕旭军给出的字是“高”。他认为，在目前的状况下，特别是传统企业，不一定能马上用得上区块链，或者不知道怎么去用。但是，企业家应该把它作为最高战略，战略要看得远一点。想要弯道超车的企业可能要把区块链作为核心战略，迅速转型。

4.1.3 心法三：坍——关注自身易坍塌处

（吕旭军）

世界区块链组织首席科学家、上海证券交易所前总工程师、阡寻科技董事长白硕想到的字是“坍”。“坍”看似是负面词汇，实则寄托了对企业界的期待。白硕的解释是，作为一个企业的领导人、决策人，一定要意识到区块链这波潮流来了，会在哪个地方、哪个角落挖企业的墙脚，最后使得它坍塌下来。而那个地方，可能恰恰就是企业的着力点。不要等别人挖自己的墙脚，自己应该先挖自己的墙脚。

4.1.4　心法四：变——万物皆变，重新定义一切

段永朝认为这个字应该是“变”。万物皆变，一切皆有可能。企业家已经意识到了重新定义一切的时代开始了，重新定义商业、重新定义企业家精神、重新定义组织、重新定义商业利润、重新定义分配方式。总之，万物皆变，所有的东西都在变。很多企业家在焦虑，担心在这一波巨大变革发生时自己的企业被甩出轨。

这其中，最关键在于“变”，段永朝认为，首先就变在“组织”。今天的企业已经不再是所谓的金字塔结构。开放、自组织、打破边界，这些正在一步步扎实地变成它的内在

基因。对于这个基因，人们似乎还没有准备好制度和思想观念。

4.1.5 心法五、六：占——新圈地运动，看——不错过紧要信息

国务院发展研究中心世界发展研究所原秘书长/京津冀大数据产业专家委员会首席专家郑砚农给出了两个字："占""看"。

- "占"，是指在区块链中圈地，先占据一席之地。
- "看"，主要是看两个东西。第一，看别人有没有成熟的案例出现；第二，看政策环境。

4.2 企业人应对区块链浪潮的两大思维模式和六大行动方案

企业要如何应对区块链？具体方案是什么？我总结了来自中国和以色列的专家的所有观点，给出两大思维模式和六大行动模式。

亚当·斯密说过一句话：当我们停留在一种模式的时候，其实很难去想象另外一种模式。我的观点是，作为企业人，如果要快速获取应对区块链时代的能力，就要从打破旧有的模式、进入新的模式开始。

4.2.1 思维模式一：深度调查

段永朝分析，组织在变化，生产方式在变化，消费方式在变化，每个人的日常生活方式也在变化。未来的企业家，一定要抓住这样的机会，重新定义企业，重新定义企业存在的形态，重新定义什么是生意，重新定义自己和生意合作伙伴之间是什么关系，重新定义供应链，重新定义仓库，重新定义支付。

换而言之，对企业家来讲，必须学会两条腿走路：用其中一条腿扎扎实实地拥抱这个数字时代，扎扎实实地拥抱数字货币，甚至是人工智能、机器人带来的红利。什么火关注什么，什么火爆去钻研什么。

白硕补充的观点是，磨刀不误砍柴工，企业家要调研真问题，要调查知识。企业宁可多花点资源在咨询上，先弄懂该干什么、适合干什么。在什么都没弄懂的情况下，就着急实施是错误的行为。

4.2.2 思维模式二：深度思考世界的逻辑

此外，必须学会深度思考这个世界的基本假设，透过区块链去深刻反省商业逻辑到底发生了什么样的变化。世界不再是在过去的马达上飞速旋转，那不是世界的目的。

这个世界的终极目的，依然是奔向一个美好社会，只不过这个美好社会的定义，跟200年前有了天壤之别——而今的美好社会，是把那些有良好愿望、靠谱的人们，用一个靠谱的网络锁定在一种靠谱的状态中。

用全新的思维模式去理解全新的区块链理念，这只是第一步。当2015年区块链成为热门话题时，业界就已经开始了对区块链的深入验证和探索。从政府到经济体，到组织，到企业，再到个体，全球凡是思想和行动兼具的实干家都在极力扫描、勘察区块链到底潜具多少发展的可能性。

4.2.3 行动方案一：利用数字货币

Eyal Hertzog 是一位具有风投背景的科技型创业家，拥有超过 20 年的从业经验。Eyal Hertzog 起步于以色列军队的科技行业，曾担任核心情报部门的 IT 部门经理 4 年。从 1998 年以来，他致力于在社交网络、内容共享、用户生成货币和区块链领域构建并启用一个终端用户生态系统网络。在进入区块链行业之前，Eyal Hertzog 有 11 年的互联网创业经历。

他认为，数字货币，是一种可用于真实商品和服务交易的货币。早期的数字货币是一种以黄金重量命名的电子货币，而现在的数字货币，比如比特币、莱特币等是依靠校验和密码技术创建、发行、流通的电子货币。理论上，每个人都有权发行数字货币。

Eyal Hertzog 认为，对于今天的创业者而言，最佳选择是去思考如何将这一最新技术与自己的优势结合，去发行代币或者货币。货币可能是人类发展历程中最重要的发明之一，货币的出现把买和卖两个行为分离开来。这是革命性的一步，为后面的所有分工生产奠定了基础。从那之后，人们有能力细化分工。

但是当下，有能力控制货币发行的组织，只有国家或者某些大型组织，多数普通人无法触达这一技术。因为个人和国家在身份上存在巨大差异，我们无法利用货币这一存在已久的利器。我们总是以终端用户的身份使用货币，就像在 YouTube 出现前，我们只能在电视和电影院里看视频一样。现在，因为有了区块链技术，每个人都能够开发新的经济生态系统，然后利用该生态系统中的货币来创造新的技术产业。

Eyal Hertzog 建议，所有对区块链技术感兴趣的创业者们都去更深入地探究各个项目是如何使用货币的，各自的代币模式又是什么样的。这并非商业模式，而是代币模式，两者大相径庭，后者代表着全新的思考方法。就 Eyal Hertzog 的经验而言，在深入观察其他项目并且亲身实践后，才能更容易地理解它们在代币模式上的差异。

4.2.4 行动方案二：设立数字财富实验室

段永朝指出，现在几乎所有的行业中，企业的下半身都在传统领域，思想并没有完全解放。监管机构、行业协会、研究力量、学术界、大众媒介，包括产业界的认知系统依然停留在传统工业时代。他给企业家提出的建议是尽快设立数字财富实验室。

不只是区块链，人工智能、虚拟现实都必须转化成未来的数字财富、数字经济的概念。类似于 20 世纪 80 年代初，麻省理工学院成立的媒体实验室一样，在本企业里面一定要有这么一个小团队，一定要有这么一个斗志饱满、眼界超群、开放的实验室，聚集脑力和人才、随时碰撞、脑暴，分秒致力于数字资产和数字经济领域内的研发和设计。

麻省理工学院媒体实验室（MIT Media Lab）成立于 1980 年，一直致力于研发科学技术和设计概念性产品。实验室提供本、硕、博教育，以培育多领域尖端人才，并设立多个技术创新研究小组，如量子计算机、数字化艺术、生物工程等。为了有利于协作，实验室的 30 多个研究小组人员需要相互交叉，教授与教授、学生与教授、学生与学生之间的协作非常紧密和频繁，教授和学生每周都会举行固定的课题群会议，相互交流研究思路和心得。媒体实验室当时的口号就是，“我们一定要研究今天的大学还没有关注的事情。”

4.2.5 行动方案三：把区块链嵌入自己的场景

白硕认为，在传统企业与新区块链的商业模式相结合方面，企业存在三个阶段，或者称之为三个境界。

- 第一阶段，学习蹭热点，这也是很多企业所处的阶段。
- 第二阶段，把区块链当作一种信任或者信用的基础服务。使用这个服务，为这个服务付费，其他免谈，这也是走得通的。
- 第三阶段，要把区块链嵌入自己的场景。这就意味着区块链自带的一些商业模式可能要和企业的商业模式相融合。

白硕认为，第三阶段的确是区块链应用的比较高级的境界，但不是所有的企业都需要往区块链方向走。这需要看企业自身的商业基因和区块链自带的商业模式之间是否有融合利用的可能性。

邹均认为，毫无疑问，我们进入了一个数据经济时代。互联网的无边界性，让每个参与其中的人，不管是线上还是线下，其行为轨迹产生的数据都会被收集起来。线上大数据和线下物联网的无缝衔接、人工智能技术的崛起，都让数据实际上成为未来最重要的生产要素。不管是国家还是企业，谁拥有的数据最多，谁挖掘出的价值应用越多，谁的竞争力就越强。阿里巴巴技术委员会主席王坚博士认为，数据就像石油和煤炭一样珍贵：石油和煤炭是经过几十亿年沉淀下来的太阳的能量，而数据也是客户行为长期沉淀的结果。未来的竞争将是数据的竞争，人们对数据的争夺，将像今天对石油的争夺一样激烈。因此，企业家的

前瞻性至关重要，要关注趋势如何发展，思考如何在数据方面创造价值、如何保护数据的权益。这就要求企业不仅仅是停留在技术层面，更要做一个设计，把区块链的思维、技术和模式结合在业务上面，构建一个更健康的企业生态和业务生态。

终端用户是所有数据的生产源头，企业家要深刻体会到终端用户理应享有他们自己创造的数据的最高权力。只有让数据所有权回归大众，让个人数据可以得到充分的流转和使用，让数据生产者通过提供数据而获取收益，让数据使用者通过提供服务而赚取利润，数据生产者才会更愿意积极收集收据，数据使用者才会更积极地提供更好的使用服务，整个社会的数据共享才最终会进入到一种良性的循环之中，从而搭建一个去中心化的安全可信的数据交易平台并创立出一种生态化的企业数据共享模式。

4.2.6 行动方案四：利用区块链改造企业品牌策略

品牌传播对于企业的重要性不言而喻，主要体现在企业的美誉度、用户的忠诚度、用户的黏性等。这些都是衡量品牌对企业作用的重要指标，而这其中最底线、最核心的指标就是信任。

国家统计局（CSISC）品牌专家、大数据智库专家、京津冀大数据产业专家委员会首席专家郑砚农的观点是：如果一个企业能认真给消费者以承诺并且兑现它的诺言，那么消费者就会还企业以信任，如此一来一往，循环往复，品牌才能真正建立起来。正如2008年，当郑砚农在向美国博雅公共关系公司创始人Harold Burson请教如何简单定义“品牌”时，Harold Burson回答的第一句话便是：Committed to，即“承诺”。在视觉广告和注意力经济（指企业最大限度地吸引用户或消费者的注意力，通过培养潜在的消费群体，以期获得最大未来商业利益的一种特殊的经济模式）时代，也就是传统的媒体时代，消费对于企业和产品获取的信息太过有限，普遍存在信息不对称或不大对称的现象，品牌的传播和塑造由企业说了算。但现在是信息对称（即在市场条件下，要实现公平交易，交易双方掌握的信息必须对称）的时代，消费者可以通过各种途径来获取他们想要的信息，而不仅仅是通过企业自身的披露。所以在这个时代，一个品牌好不好，第三方机构如测评机构、中介机构、资讯机构甚至政府机构都说了不算，企业自己说了更不算，只有消费者说了才算。在区块链时代，自卖自夸的主观的声音将会被消解，而来自消费者的声音将会被大大地凸显。但人的主观意识判断是否就一定是对客观事实的真实反映呢？答案是显而易见的。

作为一名品牌传播专家，郑砚农认为，抛开技术含量，从个人思维角度来看，区块链实际上提供了一种用客观代替主观、用技术的客观来代替人为的主观因素的思维方式。当人们在判断一个产品到底值不值得信任时，比如说它的质量值不值得信任，它的性能是不是最优，甚至它的引领性、新潮性等方面，是不是市场上最好的等，企业自身无法说得通透，也无法体现最佳的公信度。但如果企业求助于区块链，赋予消费者知情和监督权，并将产品的生产和产品的流通等过程透明化，就会让消费者对企业树立足够的信任，足够的信任进而会使企业获得足够的口碑，而足够的口碑又会带来美誉度、忠诚度和黏性等。所以，区块链对于品牌传播或者是企业塑造品牌最核心的作用，是给了消费者和公众最可靠的消息，实际上也就是给了消费者对这个产品和企业的信任，简单概括为以下三点：

- 第一，给了消费者所需要的对产品的信任；
- 第二，消费者得到了所购产品所属生产企业的信任；
- 第三，对于企业的领头羊，是对企业家的信任。因为企业家的信息、企业的生产流程和管理信息，在区块链上都是不可篡改的，都是可追溯的。

我们站在消费者的角度打个比方，假如你买了一辆名牌二手车，虽然花的钱不多，而且买的是知名名牌，但心里有可能还是不踏实。因为你不了解这辆车的真实历史，所以无法给予绝对的信任。如果用区块链去追溯这个二手车市场和这辆车的历史，是不是就踏实多了呢？站在企业角度反推，一方面，如果企业将区块链应用在历史车况的追溯上，让企业的产品，乃至企业本身，都可以对大家公开、透明化，这将对企业品牌的塑造产生极大的助推作用。另一方面，如果企业能够放下投机心态和自我中心意识，利用区块链做可持续、负责任的品牌设计，效果显然会更好。

4.2.7 行动方案五：商业模式创新

郑砚农认为，商业模式的创新首先要在经济模式的创新之下发生。近几年，经济模式的创新中，提得较多的是共享经济。共享经济的几个要素如资源有余、第三方平台的建立、信息的高度对称等，恰恰是区块链所带来的。但是区块链的商业模式会比现在的共享经济如滴滴打车、共享出行等更好。

段永朝的观点是，第一，区块链是一个广义的账户体系，在同一个区块链上有很多上链的企业、个体、组织，共享同一套账户体系；第二，广义的账户体系不只是跟账户有关，对账户本身是扩容的。有了账户共享的客观基础，企业的内在形态才能发生多样性变化。在区块链方面，大家都越来越认同它的两项技术的基础：无非是下一步要有所攻防、有所取舍，以及跟现有的利益格局之间相契合。

白硕推断，区块链可能会引发一些之前没有出现过的情况。

- 第一是转移战场。原来我跟这些人玩儿，现在我不跟这些人玩儿了。转移战场后，我还是同样能够把我的事情做成。
- 第二是平台空壳化，比如说共享经济。平台公司在这儿操办一切，掌握一切数据和客户。平台有价值，留着。如果数据集中产生的弊大于利，那好，数据回去，平台公司就空壳化了，就没有必要有这个公司。白硕推测，如果小型企业或组织愿意按照规则跟大家共赢，这种变化会特别有利于它们。大型组织式微，小型组织崛起。在以色列，有类似观点的人不在少数。

以色列嘉宾 Eyal Hertzog 认为，区块链技术会改变传统经济的核心部分。当下的金融产品，像债权、股票等都是代币可以应用的具体领域，区块链技术可以创造出新的金融工具发行方式，比如现在已经出现的安全令牌，还有其他有更多有趣的模式。这个产业，才刚刚起步。

企业的存在是为了降低交易成本。从这个角度考虑，大公司的存在其实不符合客观规律，确实不是好事。大公司中，每个员工的动力和追求以及利益诉求并不相同。员工通常都认为，自己只是千万基层中的一员，只想着升职以获得更好的发展机会、为下一份工作做准备，但这些并不是企业所需要的。所以大公司在基础结构上就有问题。任何一个在大企业和小企业分别工作过的员工都会了解个中区别：小公司中的人员目标与公司发展目标一致，这是大公司做不到的。Eyal Hertzog 认为，正是由于以上原因，未来小公司的数量会持续增长。因为小公司之间做生意交易成本会相对降低，而且小公司中，个人与公司间的利益更容易协调。

如果区块链的潜力被完全开发，它最终会消灭官僚体系。不过，发挥一项新技术的潜力需要时间，让大众认同区块链的价值也需要时间。这需要在后续发展中投入更多资源，因为我们在未来会受益于此，这也需要时间。但 Eyal Hertzog 相信，一场意义深远的变革，即将降临在如今的商业模式上。

Eyal Hertzog 认为，区块链会彻底变革企业结构，未来一些现存的企业结构将不复存在，会转变为网络的形式工作。比如很多公共服务应以开放的标准，欢迎任何人的加入，这会是最基本的变革。而且，这些变化已经在发生了。

在他看来，区块链会影响企业规模和精神风貌两个方面。将来更多的小企业会发展得更好，因为它们更具竞争力和创造力。将区块链技术融入企业发展中有助于帮助企业保持年轻和活力。

作为一种技术，区块链带给我的一个感觉就是，它本身重任在肩。我们现有的很多问题、很多期待、很多期望都挂在区块链的肩头。区块链技术带来的经济社会变革是无法阻挡的，更重要的是，如何建设和引导技术帮助我们发展，而非放大其消极影响。区块链商业模式和过去公司的商业模式有本质的不同，它主要体现为：设计模式的初心不再单单是为了自己，而是要让生态系统内所有的人都有收获。

在做公有链的时候，经常会有人问吕旭军采用什么样的商业模式，他的回答一直是“我们没有商业模式，我们不是来赚钱的。我们的平台空壳化，不以营利为目的。我们只想维护整个网络的正常运转，以支持一种公共服务。”

张健是区块链行业中比较早的创业者之一。他 2013 年开始真正研究并进入行业。在他看来，区块链商业模式的设计与公司商业模式的设计有天壤之别。

如果按照公司商业模式的设计去做区块链行业的创业，特别是公有链和基础链的创业，张健认为，一定不会成功。因为区块链行业的模型通常是社区型的、生态型的，需要激发每一个参与者的潜力。所以说，关键是体系的设计，而不是营利模式的设计。即，不是让你能够赚到钱，而是如何让所有生态的参与者能够赚到钱，这是最大的不同。

张健认为，有竞争力的公有链不会追求个人商业利益。在很大程度上，公共利益和私人利益一定是矛盾的。以比特币为例，因为早期参与者少的原因，不少参与者通过挖币积累了大量财富。但是，至少这个体系的初心并不是想获得什么直接的控制利益和长远的商业利益。它之所以发展成了一个目前全球最强大的公有链系统，是因为它拥有最高程度的信誉和信任。

在张健看来，区块链带来的一定是红利，而且这个红利所蕴含的价值和它掀起的波澜壮阔的大潮，比互联网时代还要汹涌。先入者只要能把握住机会，就能够获得这个时代的红利。所以把握住机会就是关键。

4.2.8 行动方案六：组织模式创新

在《企业持续成功的秘诀》一书中，杨国安老师有这么一个观点，对于一家企业的成败来讲，有两大因素特别重要：战略和组织能力。

战略和组织能力不是相加的关系，而是相乘的关系，不管两大要素当中哪个要素失败了，企业都得失败。在第一次读到这本书中的这个观点的时候，我就觉得很是认同。组织能力薄弱是很多中国企业失败的原因。在区块链时代，组织能力的重要性这一点依然没有发生改变，但它的底层逻辑和运作模式已经完全改变了。

段永朝解释，组织的变化共有三个时期：

- 第一，组织从过去的刚性连接逐渐柔滑变成弹性连接。
- 第二，组织和组织里面的个体（公司和雇员）的关系发生了变化，劳动关系、雇佣关系会逐渐弹性化乃至于消失，成为一种联盟关系。劳动关系会发生根本性的变化，工资、股权等概念消失了，会有新的权益来取代它。
- 第三，组织里面的协作者不再是过去的供应商、区域性项目性的合作伙伴，而是一种生物学意义上的伴生、寄生现象。越来越多的物种相互连接，成为一种物种群落、生态群落。物种群落的重要性会大大上升。在这种情况下，区块链可能是一个非常好的催化剂，或者说是一个特别好的着床土壤，让新物种可以在区块链上着床。

白硕从技术角度对组织将来的演变做了以下补充：

- 第一，数据驱动。将来的组织形态可能 90% 以上的成分都是由数据驱动的。任何一个环节都会数字化，所有的票据、各种各样的证，都要变得数字化。
- 第二，场景汇聚。经过整合，这些数据将被还原成可被理解的场景。
- 第三，价值引领，包括信任、激励、惩罚等都将遵循自动化的规则，用代码去管理。

在未来的形态上，吕旭军完全同意将来会发生巨大的变革。在他看来，在区块链的信用没有完全达成的时候，必然会有中心化的信用来构建或者配合整个生态的运行。企业在转型过程中，可能会用一部分业务来做区块链的事情。在未来的很长时间内，币权跟股权同时共存的状态会一直存在。未来，公司的组织形态有可能会消亡。

企业肯定会有焦虑感，就像20年前面对互联网浪潮时，企业的口号最后都变成了“我们必须是互联网公司”。可以设想的是，有一天，可能很多企业说，我们必须是区块链公司。吕旭军认为，区块链会渗透到企业中去。区块链在两个方面可以被快速地应用：

- 第一，数据上链和物品溯源。企业或机构为了提升自己的信用，可以把数据放到区块链上面。这是最简单的应用。那么物与链相连，比如说企业打假，就会存在一些困难。因为企业需要把物品跟区块链的ID一对一进行对应，这就会存在难度。但这也应该是企业最先应用的部分。
- 第二，供应链和供应链金融，可以解决企业间的信任问题。

吕旭军认为，互联网企业首先应该去融资，把用户聚集起来，就是所谓的“你既要圈人，又要圈钱”。把人圈进来构建社区，是建立社区生态最重要的一点，也是他正在辅导一些企业做的事情。

总结互联网的经验，以电商为例，不可能完全取代传统商店，更可能是相结合的方式。就像电子邮件出现之后不能完全取代邮局一样，邮局还是会接着做一些类似的事情，但是原来的作用变弱了。很多传统企业跟新的区块链商业模式并不一定契合，甚至是没有办法转型的。在这个过程中，可能是更容易转型的企业先转过来，其他的企业等到后面再看有什么新的商业模式，或者被迫转型。

开放、协作、无边界、自组织。面对这样一些新鲜而灵动的组织基因，你是否准备好了呢？当所有劳动力资源打破并且跨越组织边界自由流动的那天到来时，我们的世界又将变成怎样的世界呢？

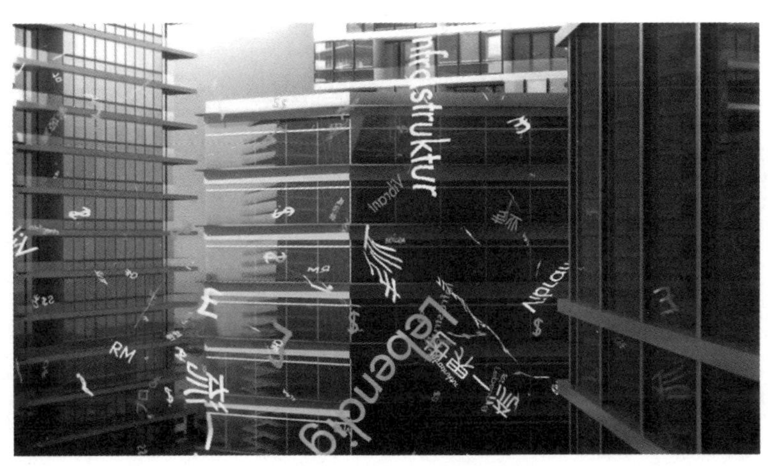

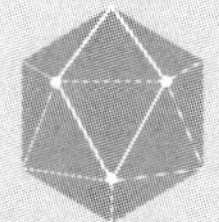

第五章 05

区块链来临，“霸王龙”将死

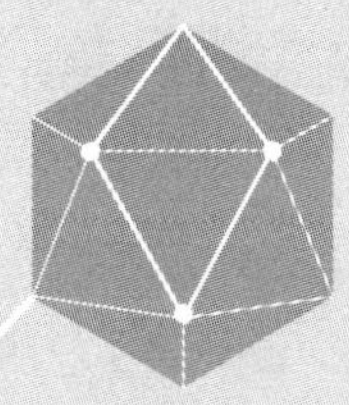

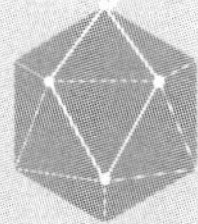

在做节目调研的时候，我和调研团队发现，无论在中国、美国，还是以色列，有一些问题，大家讨论起来永远是兴致盎然、乐此不疲。这些问题全都指向区块链进入我们的生活之后，会在已有的版图格局上引起怎样的资源重置和“生死存亡”。

这一章，我们就来解答这些问题。

5.1 区块链最佳应用，将从哪里爆发

5.1.1 郑砚农：制造业是最佳应用场景

郑砚农认为，在分析区块链的最佳应用场景时，需要先分析具备哪些特点的行业才能成为应用场景。

首先，上下游产业链都要清晰；其次，整个流程都要规范；再者，要有带动性和引领作用。所以综上，制造业应该是区块链应用的最佳场景。

然而，针对现在很多人在做制造业区块链、红酒区块链和农业区块链的情况，段永朝恰恰不认同制造业会是区块链的恰当场景。在他看来，制造业对区块链着迷这件事情，背后是有心魔的。

- 第一个心魔是：制造业试图完成过去无法完成的产业链整合的使命。对于大产业链统合的想法，段永朝承认其合理性，但危害就是，所有有这种潜在可能的龙头企业都会义无反顾地进行产业链统合。产业链被统合到源头之后，就不可避免地开始画地为牢。当厂家把社会资源分割完毕之后，就再也没有积极性互联互通了。这是段永朝认为制造业不能这么做的理由之一。

- 第二个心魔是：传统制造业是由 GDP 来驱动的，以追求利益的最大化。这是传统经济学赋予它们的使命。但这是违反区块链的本意的。区块链的本意是兼顾生产和分配的公平，同时还必须思考财富的生产和分配。

5.1.2 白硕：有了产业链重构和金融打法，制造业也可以成为区块链的最佳应用场景

综合郑砚农、段永朝关于制造业的观点，白硕的看法是，这不是同意或不同意谁的问题，而是涉及制造业中的两个问题，体现在两个方向。

- 第一个方向是产业链重构。龙头企业的取得和付出其实并不对等，总是收获多于付出。它把很多零部件、上游的质量保证打包在行为里面，取得了一些溢价。但是，区块链恰恰给出了相反的途径，它用一种民间点对点的可信评估实现去品牌化。这些评

估能够绕开龙头企业去评价供货商、设计者和施工者。一旦去品牌化做到位，龙头企业何德何能取得今天这么丰厚的收益呢？区块链的存在会大大削弱龙头企业的价值。

- 另外一个方向是制造业采用金融打法。有了产业链重构和金融打法，制造业也可以成为区块链的最佳应用场景。比如说企业用应收账款来融资，用舱单来融资，用订单来融资，这本身就是自带金融的一种打法，这种打法会强化龙头企业的地位。

5.1.3 段永朝：区块链的最佳应用场景在文化创意产业

对于区块链的最佳应用场景，段永朝看好文化领域。段永朝分析，文化领域是一个消费者和生产者共生的领域，符合美国未来学家阿尔文·托夫勒讲的“产消合一”。

今天，一个音乐制作人制作一首单曲，希望越来越多付费的人都能听到。这个愿望合情合理。反之，从听众的角度来讲，如果没有听过怎么知道会喜欢？不喜欢我为什么要付费？这种矛盾就是，一款文化产品目前的价值分配体系沿用的是传统工业品的销售方式，在某种程度上用工业的产权制度来保护知识产权，不得不让支付行为滞后于消费行为。因为分配模式滞后于生产模式，不得已才会用 IP 来保护内容的所属权。所以，版权是不得已的产物。

但是，事实上，文化产品比较适合于个性化定价，或者每一个人按照自己的口碑偏好去支付价格，正所谓“萝卜白菜各有所好”，这是文化产品的天然属性。而这种事情，在传统的商业逻辑中做不到。传统的商业逻辑是一手交钱、一手交货。这样的一种错位，恰恰是段永朝认为区块链能够解决的。你会发现区块链这件事情，其实是兴趣爱好者的一个社群，是生产者和消费者的交互体系。它用各种各样的渠道让消费者参与到整个文化产品的生产和消费的洪流之中。

段永朝坦言，自己有点近乎偏执地认为，区块链如果要落地，最佳的场景就是在文化领域。而区块链就是为它而生，必然会在文化领域中开花结果。同时，段永朝也强调，生产制造领域不是不能用区块链，而是制造业树大根深，盘根错节，利益格局更刚性一些，效果也会更慢一些。

经常会有人问我，区块链的哪些魅力吸引你？原因很多，但特别重要的一点就是，因为我身在文化行业，文化产业的逻辑和区块链逻辑有一种天然的适配性。

用段永朝的话来说，文化产业和区块链是一种天作之合。文化产品是一个非常好的载体或者介质，它有以下三个特点：

- 第一，生产和消费处于同一个场域。
- 第二，精神产品不可能储存，永远是边生产边消费。
- 第三，它的价值永恒地处于流动之中，并且不停地处于创造之中。

对于段永朝的这个观点，白硕、吕旭军、郑砚农一致认为需要加个前提——“在一段时间内”。也就是说，“在一段时间内，文化产业是最佳应用场景之一”的说法或许更加贴切。

对于区块链的落地场景会出现在哪里，吕旭军认为，首先，文化传媒领域本身已经数字化了，更容易应用区块链。不过在实际落地中，产权保护、盗版问题在技术的解决方面存在难度。其次，供应链金融是一个比较好的应用场景。它不会涉及具体的零配件和企业间拖欠账款的问题，是区块链的天然应用场景。金融资产的处理具有极高价值，因为很多金融产品已然虚拟化了，因此，金融领域也是一个有价值的落地场景。

5.2 去中心化真相

关于“去中心化”的说法，素来争议很大。有人说，区块链所谓的去中心化本质上是弱中心化；还有人说，它本质上是群中心化。我们之所以反复讨论这个问题，是因为它关系着我们的切身利益。首先我们需要明白，到底什么是去中心化。

长期在以色列加密货币领域担任精神领袖的Eyal Hertzog坦言，在业界中，人们对去中心化的定义不尽相同。他认为，去中心化的评判标准就是看其是否具备可分叉性。可分叉性的意思是，可以针对一项服务轻松地创造一个崭新的分叉，而这个分叉可以完全改变它的发展和服务方向。

对新分叉感兴趣的用户可以选择跟随新版本，而对现有服务心满意足的用户则可以保留原始版本。比特币就是开源服务的鲜明例子，它具有去中心化特征，不受任何人监管。Eyal Hertzog 举例，如果一个人不喜欢比特币或者以太坊，他就可以把它分叉，然后去询问现有用户，谁愿意跟着走，一瞬间，比特币用户就直接一分为二了。

Facebook 和 Google 则不存在这种问题，我们无法将 Facebook 用户一分为二，因为它们拥有自己的数据库，而这个数据库是私有的。即使用户会被推送很多广告，会被随心所欲地调用个人数据，即使他们反感这种行为，也别无选择。比特币和以太坊则截然不同，它们的数据库都公开共享。

按照 Eyal Hertzog 的说法推理，分叉可以规范公司管理者的行为，还会带来强有力的竞争。如果大家都可以分叉某一项服务，那么锁定、垄断就难以继续存在。那些分叉了某项服务的人，只要能够努力提升终端用户的体验，就能够自由地吸引大量用户卷入。

如果一个商业实体有非常大的影响力，那么去中心化的网上服务则会改变这一现状。之前，为了连入网络，我们需要支付很大一笔费用，而现在宽带网络基本上是免费的。如果在线服务也开始去中心化，同样的改变也会出现。未来那些企业会成长成超级企业吗？这真的非常难以预测。但是 Eyal Hertzog 认为，这个产业会完成一个闭环，从信息的价格，传递，到记录，这样的循环将频繁往复。

在去中心化和中心化间循环往复是一个规律

以色列连续创业家、科技媒体领袖 Yaniv Feldman 是知名技术博客 Geektime 的创始人兼主席，曾被评为“以色列区块链技术和加密货币领域最有影响力 25 人”之一。他认为，了解未来发展趋势的最佳方法，就是回顾历史。

回顾两千年前乃至五千年前的历史，鉴往知来，我们会发现，万事都如同钟摆，在中心化和去中心化之间反复摇摆、循环往复，从一个极端转向另一个极端。每当一个强有力的集权体独揽大权且恶劣对待民众时，民众就会揭竿而起，他们会竭尽所能夺回自己的权力，最终也确实会收回部分权力。但每次权力回归人民后，都会有其他新的中央集权体从人民中诞生，革命和政权就这样循环往复，永无休止。

互联网产业亦是如此。一开始，互联网是完全去中心化的，人人都有权接入网络，并通过网络和他人产生联系。

区块链的出现是对互联网技术的革命，但区块链不会取代网络。互联网可实现信息共享，区块链不仅允许人们沟通和传递信息，还允许人们通过去中心化的途径记录信息。

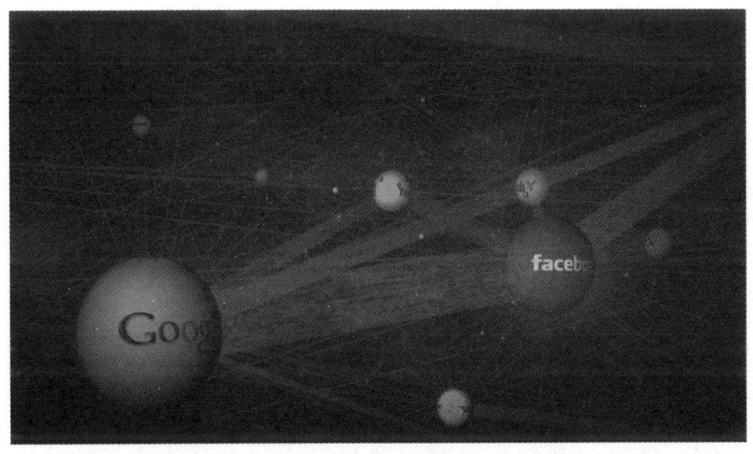

当下，最大的垄断其实是对数据库的垄断。区块链的不同之处在于，不会存在一方独立控制数据的情况。这一转变也体现在科技监管方面。在运算机制去中心化前，垄断都围绕着电脑产品。去中心化的协议和标准出现后，市场开始对外开放、允许竞争，这样创意可以从行业的方方面面开展。

中心化和去中心化往返交替时必然会掀起革命的浪潮，但往往不久之后又会回归最初。即使区块链技术希望达成彻底的去中心化，但历史的钟摆又会回到中心化的那一端。因为比特币用户不希望大公司通过专业的挖矿芯片牟取暴利，许多共识协约应运而生，比如时空证明和工作量证明之间的对决。比特币在尽力利用现有技术把权力归还给大众，但钟摆依然会不断摇摆，只要仍然有人继续参与，最终可能还是会回到中心化。

5.3 财富和权力能否真正属于个人

关于去中心化，我们在采访当中听到了许许多多的解释，其中以色列嘉宾 Yaniv Feldman 的这段解释最让我信服。他说，了解未来趋势的最好方法就是回看历史，回看历史我们会发现，在人类社会，从来就没有存在过真正的绝对的中心化和去中心化。也因此，就像中国的太极图所表现的那样，静极而动，动极而静，一静一动，生生不息。

所以，我的判断是，中心化和去中心化，将始终会处于动态平衡。

如果是这样，区块链是否会带来财富和权力的再分配呢？

以色列比特币社区资深人士 Daniel Peled 认为，利用区块链技术可以实现财富再分配，但是根据过去八年的统计数据证明，这种可能性很低。首先，正如绝大部分的法定货币由社会极少数人掌握一样，现今，大多数加密货币的所有权也高度集中，比特币亦是如此。90% 以上的比特币集中在不到 1% 的人手中，其他的加密货币也不例外，如以太坊和瑞波币（Ripple），甚至排名前十的所有加密货币的所有权都相当集中。其次，比特币这个大游戏中的规则还是倾向于财富人士的，因为要想成为大玩家，需要具备一定的前提条件——充足的资金。资金的充足程度决定了玩家是否有能力搭建挖矿的基础设施，并向矿池的矿工支付报酬，缴纳电费等。从股权证明的角度来看，这个游戏体系会奖励那些最先进入并适应的人，所以越早入手代币越好，而资金充足才有条件捷足先登。也就是在马太效应下，越强的人越具有优势，或越是能创造优势，因为这些人拥有着比普通人更多的财富、更好的社会背景和人际关系。

5.3.1 目前的数字财富集中在“中心”手里

Yaniv Feldman 介绍，以太坊中有数千个矿场，但是其中 3 个矿池控制了 60% 的 HASH 函数算法，而以太坊基金仅由一个团队来管理，这个团队说的话，或者做的计划，虽然并不代表全部，但是的确更具影响力，也更可能实现。

Daniel Peled 指出，通过技术在全球范围内建立全新且公平的财富分配机制非常困难。目前的数字财富集中在“中心”手里，而当今的金融体系是建立在贷款和部分准备金的基础之上的。

比如说你有 1 亿美元，你只需要把它借给银行或个人，而不需要真正使用这笔资金就能变得越来越富，也就是说，你坐享利息即可。而在现在的比特币或区块链技术中，如果你使用了比特币，其供应量就会下降。Daniel Peled 因此认为，政府在短期内不会将加密货币用作贷款或者部分准备金，这就意味着比特币的分配范围将进一步扩大。但是无论如何，Daniel Peled 认为，创造一个全新的公正的财务体系实在是很困难。

5.3.2 财富不会完全分散到大众手里

Yaniv Feldman 坚定地认为，任何物品的再分配过程都是围绕着他之前提到的钟摆规律展开的，可能会导致财富所有者产生变动。从这一角度来说，这确实是一种再分配的手段。但这个过程并非是将财富所有权从中心平台分配到大众手中，更可能是从一个中心集权体，通过民众再转移给另外一个中心集权体。所有政权皆是如此，这就是历史的发展规律。

在对区块链的诸多担忧中，有一种担忧和说法是：区块链将会影响政府的稳定性和安全性，因此政府一定会打压区块链。那么，区块链会带来权力的再分配，会影响政府的稳定性吗？

对于这个疑问，Daniel Peled 给出的回复是，从政府的宏观角度来看，区块链技术对现存社会制度的影响实际上远远低于人们的预期。从根本上来说，如果这个技术真的构成威胁，政府完全有能力管控它的使用途径。然而对于普通民众来说，如果政府宣布这个技术不合法，相当一部分参与者会选择退出市场。但 Daniel Peled 不认为区块链会往这样的方向发展，当下更多政策的本意是支持这一技术的发展，并推进该技术的进步。

5.3.3 区块链不会带来绝对的权力再分配，政府必将积极支持区块链发展

2013 年，美国国会举行的一场关于区块链技术的听证会就印证了这一点。会议上，本来完全可以把区块链技术视为支持恐怖主义、违法交易、洗钱等行为的载体，但是，美国国会意识到事实并非如此。非法交易中使用的货币，大多是美元和其他法定货币，而非加密货币。因此他们宣布这是一项创新技术，虽然它破坏了传统的商业模式，但也给传统模式带来了可持续性。

监管者意识到，区块链技术和互联网十分相似，有成为更大生态系统的潜力。他们必须对其严加规范，需要出台更多更清晰的规范以及税务框架。

FBI 转手出售了从 Silkroad 收缴来的比特币。这一事实就为比特币资产的合法性做出了背书，意味着任何人都有

权合法使用比特币。因此 Daniel Peled 认为，各国政府并不害怕加密货币会影响政权安稳。但是如果这种事不幸发生，他们也必然会出手干涉。这种管控可能会成功，也可能失败，但不论如何，必然会影响这一技术在各方面的应用。

5.4 区块链来临：“霸王龙”和“独角兽”将死？

在历时半年的调研和采访中，作为主持人，我非常享受这个过程。因为像去中心化、财富和权力再分配之类的问题，存在很多似是而非的答案，但是道理越辩越明。当你经过充分的讨论、理性而慎重的研究思考，而捕获一个问题的答案的时候，那种幸福感难以言表，这是对我们创作者的一种巨大的奖赏。

此前，我们曾讨论过，在区块链的领域内，不大可能会有持久的去中心化，也不大可能有充分的权力和财富的再分配。那么，这是否意味着，在区块链领域内，也会和如今的互联网领域一样存在着一种“霸王龙”“独角兽”称霸四方的景象呢？答案可能让你意外。

5.4.1 白硕：区块链领域不会出现“独角兽”

白硕认为，区块链领域不会出现“独角兽”。他从两个方面进行了分析：

- 第一，区块链本身提供的是信任服务，而信任是要晒出来的，要开源，给大家看源代码。这和技术公司把原代码作为护身符保护起来是完全不一样的。所以，“独角兽”公司的核心竞争力不会体现在这个地方。
- 第二，在互联网发展过程中，企业形成高度的数据垄断化，又借助数据垄断实现跨行业垄断。这并不是一个正常的发展逻辑，因为这个逻辑源于我们对数据的依赖。而现在的区块链加上了数据主权保护措施，可以有效防止这一情况的出现，实现数据回去、平台留下、公司解散的局面。

如果这样，大公司、平台级的公司就是多余的。基本上无人化，或者少量人员去从技术角度进行运维就足够了，没有必要把财富集中到这样一个平台上。大家承担更多的将是这样一个角色——自己各自发财，需要合作的时候再去申请平台的帮助。

在谈及区块链行业会不会像互联网行业一样，在不同赛道出现大大小小的霸主时，白硕解释说，即使各个团队的技术水平有差异，各有不同的侧重点，甚至各个社区得到的社会认可度都不一样，在一定时期内也都是正常的。我们要盘的是趋势，从大的方向来说，数字资产总要走向规范，从草莽时代要走向规范化。如果能看清楚这个大势，就不必去计较某些人在一些局部的暂时的得失。沿着大趋势有很多缺位，你把这个缺位补上，这个结果就是你的。一味地计较今天谁融了多少钱，明天谁又融了多少钱就短视了。即使局部地区出现了霸王，也不必担心，因为它所占据的资源和能提供的服务一定不会长久。这个行业是极客创造的世界，极客看不惯的东西，就一定会有办法把它改过来。

5.4.2 吕旭军：区块链领域会有“独角兽”

拥有20多年互联网及软件开发和管理经验的吕旭军，在中国、美国和欧洲均有多年从业经历。在区块链方面，他一直有着乌托邦思想，渴望建立一个完全开放的网络，一个不以营利为目的、开放开源、大家都能够加入的网络大家庭。这也是他和团队正在做的事情：帮助政府、银行、金融机构和很多企业上链。

吕旭军笑言，这个过程就好比去旧金山淘金的人，淘金的那些人没有挣到钱，但是后面卖牛仔裤、卖服务设备的人却赚得满盆满钵，变成“独角兽”。

5.4.3 郑砚农：“独角兽”不会有，泡沫可以有

一起参加了这场讨论的郑砚农认为，从技术的角度来看，区块链领域不会出现“独角兽”，但可能要允许出现一些泡沫。

出现泡沫是合理的，因为没有泡沫就发展不起来。

郑砚农以互联网为例，20世纪90年代，美国出现互联网泡沫。在一次宴会上，郑砚农向卡恩请教，如何看待

这场互联网泡沫。卡恩把装有啤酒的杯子推到他面前说：“你看这个泡沫很多，不是很好喝吗？”

卡恩解释，美国人的中产阶级总是在寻找投资的方向，当发现了互联网这么一个创新、有潜力的领域时，很多人都蜂拥而至。但当时互联网还没有那么成熟，所以就出现了泡沫，但最后结果也很好。

回顾20世纪80年代初，互联网领域出现了TCP/IP协议之后，实际上一下子把互联网的障碍都解决了。

现阶段，郑砚农希望在区块链领域也有类似协议，能够使区块链跨越现在遇到的一些不好解决的问题，如技术、速度、成本等，让它大步向前。

此外，郑砚农补充解释道，区块链的技术内涵本身就不会支持“独角兽”，但“霸王龙”还是有可能会出现在特定的领域。区块链在不同场景里有不同的应用，如果某个企业的区块链技术用在某个场景里并且领跑了，那就可能会占据这个赛道。但同时，他也推断，非金融领域很难产生“独角兽”，因为“独角兽”除了要具备一定的创新性外，还要有极大的资本量。这些要求在非金融领域会很难实现。

5.4.4 段永朝：区块链领域的“独角兽”不该有、不能有

段永朝认为：

- 第一，不该有“独角兽”。从道义上讲，无论是工业时代还是信息时代，不应该有通吃的现象。这种信念是一种文化理念，而且一定会持续下去。如果有“独角兽”，就坦诚接受，这是时代必然；而没有“独角兽”则是一种期待。
- 第二，从技术层面考虑，不可能有“独角兽”。即使“独角兽”有空间长成巨无霸，区块链也会努力把它的角去掉，让它越来越谦恭，越来越慈眉善目，越

来越公益化，越来越自证清白。“独角兽”三个字就已经赋予了它赢者通吃的特征，但在区块链的平台服务层面，是偏离时代使命的，所以这种“兽”一定不会长寿。如果用“转基因独角兽”这个词来形容的话，倒也无妨，但它一定不是过去的那种。

在和白硕、段永朝、吕旭军、郑砚农四位嘉宾讨论后，我心中滋生出一丝感动。用文科生的话来讲，区块链的话题不是理性的，也不是刚性的、阳性的。它有感性的东西，也有阴性的东西，特别美好。城市的出行需求和消费需求曾一度催生了滴滴、摩拜、美团等移动互联网领域的“独角兽”公司，而人工智能领域近年来也逐渐冒出如Face++、商汤科技、寒武纪科技这些在人脸识别、图像识别和智能芯片等领域崭露头角的“独角兽”公司。但当下最新的风口——区块链，因尚未形成广泛的应用生态，未来是否会出现大型“独角兽”，我们不得而知。但我们将这个答案交给时间，交给那些如今正走在区块链时代前沿、始终秉持着利用新技术创造美好新世界这一坚定信念和强执行力的实干家。不知不觉间，我开始期待那个有温度的、我们更加渴望的世界。

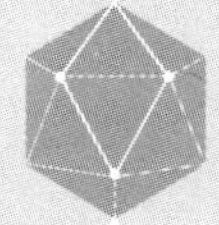

第六章 06

得token者得天下，从此不惧“霸王龙”

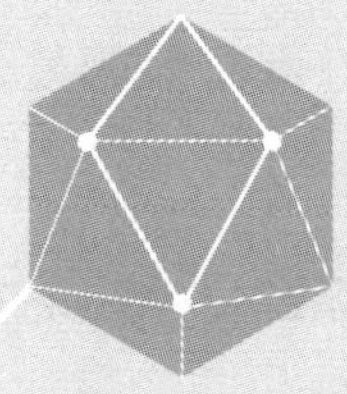

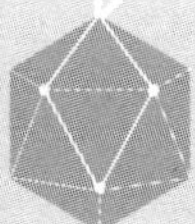

很多人都说区块链有泡沫。关于泡沫，在本书第五章有一个说法特别经典："啤酒有泡沫，不是很好喝吗？"回看过去互联网的发展史我们发现，泡沫有的时候就是技术发展的一个必经之路，并不可怕。

但是，可怕或者说值得警惕的是，泡沫有时候会扭曲，甚至掩盖、埋没一些对人、对企业，甚至是对人类文明进程都特别重要的东西，比如说区块链浪潮下的token。

6.1 什么是token

在没有区块链之前，世界上已经有了token，它最早应用于网络通信中，是一个计算机术语，本意是“令牌”。IBM 曾经推出过一个局域网协议，叫作 Token Ring Network（令牌环网），网络中的每一个节点轮流传递一个令牌，只有拿到令牌的节点才能实现通信。这个令牌，就是一种权益证明。

有人曾把 token 翻译为代币，其实不是很准确。因为，token 代表的不仅是货币，它可以是一切权益证明，比如股权、债权、版权、投票权、专利权等一切有价值的东西。很显然，与代币相比，通证这个词的翻译更加准确。

邹均解释，传统的人与人之间的价值交换，如现金、电子货币，其实已经不能够满足这个时代的要求。未来，token（通证）会被作为数据权益交换的一个媒介，它被用来泛指流通的数据的证明，可以代表各种不同的数据权益，如股权、债权等。通证经济，实际上是指用通证或者 token 来做价值交换的媒介的一个经济体。

中关村区块链产业联盟理事长元道对通证的解释非常具有参考价值。他说，通证有三个要素，缺一不可。

- 第一，数字权益证明。通证必须是以数字形式存在的权益凭证，它代表的必须是一种权利。
- 第二，加密。即通证的真实性、防篡改性、保护隐私等能力，由密码学予以保障。

- 第三，可流通。通证必须能够在一个网络中流动，随时随地可以被验证。其中一部分通证是可以被用来交易、兑换的。

6.2 token 对文明进程和个体生活的伟大意义

段永朝已经不止一次地听到，区块链或者是比特币的狂热分子称赞 token 伟大。在他看来，token 比较兼顾效率和公平，它带来的是秩序，代表的是某种权利，如话语权、发言权、主持权、传输权。实际上，token 最初的原意与权力更加接近，但它的发展脉络和历史其实是个无奈之举。在今天，token 变得跟财富更加相关。为了整体效率和公平起见，为了组织形态、交往形态有序，token 可以把财富、权力、货币拎起来打通。从这方面来说，段永朝认为 token 称不上伟大。

不过，他也理解，人们为什么会说 token 伟大。token 问世之后，我们对于财富、权力、沟通、连接和协作似乎有了一个公约数，或者说，token 是一个未来最兼顾各方诉求的备选机制。从这个意义来说，token 完全称得上伟大。

以色列嘉宾Moshe Hogeg完全认同区块链是一场革命的说法。在他看来，区块链技术的意义是，它给我们带来的不仅仅是一个去中心化的分布式记账系统，也是一种促进资产流动性的能力。

- 第一，区块链的本质是自由，你可以用它去创造价值并控制价值。
- 第二，可以把已有的资产流动化，把世界上任何资产数字化、代币化。比如把公寓代币化进行出售，可以不用卖掉整个公寓而只出售一部分来进行变现。
- 第三，区块链是最政治化的一项技术，会剧烈影响政治。区块链的存在会让决策和选举的能力被彻底革命化以创造出流动化的民主。

6.3 token给个体生活和全球经济带来的四大改变

我本人认为，token确实是一个伟大的发明。对于人类来讲，token让生产力、创造力突破生产关系的限制，自由地释放，让人类的发展变得更好更大。这是基于人的本能的一种赋能。

在曾经伟大的公司制度已经部分地成为人类发展障碍的情况下，更为顺应人类发展本能的token当然就成了变革的尖刀和利刃。事实上，这种变革早已开始。

6.3.1 代币创造价值

以色列嘉宾Daniel Peled认为，代币技术背后最重要的创新是产生了一个人们在互联网上转移价值的新标准。现今，大多数公司的商业模式，如购物积分，都是为了实现游戏化，进而留住现有客户。比如银行和航空公司，它们设置会员积分的主要目的就是增加客户的品牌忠诚度。归根结底，这些所谓积分需要一种集中化的分类账来进行记录。

区块链技术也是一种分类账。当然，最困难的地方并非保持信息安全性，而是如何挖掘出积分背后的价值。

以航空公司为例，航空公司需要和其他公司或是餐馆、电影院等进行业务合作，这样它们的会员积分才有意义。这些积分如果只在数据库中存着，不过是一堆数字而已。现在不同的是，代币这项新资产能够实现广泛连接，所有代币都可以通过互联网与其他代币进行交易。

如今，所有代币都能与比特币和以太坊进行交易，无论是以中心化还是去中心化的方式，甚至是通过智能合约，都可以实现。所以，在代币产生的那一刻，它就与整个电子商务界产生了联系，而这种联系能够创造出巨大价值。代币不像中心化的积分制度那样，只能在单独打造的商业环境中存在。代币作为一种新的开源协议和标准，不需要任何人的准许就能自动协调各方。这是一个巨大的突破，也是越来越多的公司正在转向代币模式的原因。

2017 年 9 月 4 日，中国人民银行等七部委联合发布公告称，任何组织和个人不得非法从事代币发行的融资活动，已完成代币发行融资的组织和个人应当做出清退等安排。

这次禁令的颁布，是因为一些组织和个人借代币发行融资的机会，涉嫌从事非法金融活动，扰乱了经济金融秩序。

我们必须看清楚的一点是，任何好的工具都有可能被恶意利用，但这并不等于工具本身是有问题的。

万向区块链董事长肖风认为，资产的代币化具有深远的经济意义。他说，未来，共享经济会是主流，共享经济的核心就是轻所有权、重使用权。把使用权量化出来，就是代币，包括这种代币在内的私人货币，这历来就是合法的。利用私人货币筹资，意味着把资产使用权开源，基于使用权来筹集资金，建立共享经济。这种开源共享互助的分布式商业模式，是未来新经济的重要内容。

6.3.2 利益分配机制改变

在 25 年的互联网沉淀之下，区块链在事实上已经把生产、消费、投资，以及生产组织、财富分配问题，一并纳入到了它的分析框架。在段永朝看来，今天，整个社会群和全社会的生产能力，无疑都已经被大幅度地提升了。

传统的经济学在追求着更高的生产效率，更加强悍的生产品质。但是这种生产出来的物品分配公平吗？公正吗？是在往它该去的方向上流动吗？这个世界离美好社会更进一步了吗？

整个社会的生产体系和价值分配方式，将从过去的先生产后分配、先生产后消费，变成边生产边消费、边生产边分配的方式。换言之，生产、消费和价值分配，这样一种统一的框架，第一次有了可能。所以说，一个万物日益连接的时代正在涌现。

6.3.3 资产能自由流通

token的伟大之处在于，作为一个价值凭证，在拥有了区块链这样的底层保证之后，它可以在全球范围内进行无障碍的、低成本的、快捷的、实时的传输。token大大提升了价值传输的效率，是一种更加高效的价值代表。

拿公司的概念打比方，相比之前的协作体系，区块链公司这种制度更加先进、高效，而通证相对于公司制度来说，显然更加高效。

token可以实现所有权益的数字化。它不仅仅是一项技术，还是一种全新的协作方式，甚至是一种全新的思维，未来将会影响所有行业。

顺着这个逻辑，我们会发现，未来，通证在全球范围内的自由流通将给这个世界带来新气象。

6.4 企业人可利用 token 做的三大创新

2016 年，我在美国硅谷采访了全球第一大股权众筹平台 AngelList。当时之所以选择采访这家公司，是因为它们可以为中小企业解决融资难的问题。

中国的中小企业面临融资难、人才难等突出问题，同时还要受“霸王龙”、“独角兽”这样的大型企业的打压。在研究 token 之后，我非常兴奋地发现，token 也许会给中国的中小企业带来一片新的天地。那么，企业应该如何利用 token？

6.4.1 企业利用通证——提升协作效率

在谈及如何利用区块链、利用通证经济提升企业业务时，邹均指出，这是很多企业，尤其是中小企业特别关注的一个问题，涉及的就是通证经济体系的设计。如何运用区块链帮助企业提升业务，使得行业、业务、生态形成闭环，就是如何把客户、投资者、管理人员、员工的利益更好地绑定在一块，使得企业的价值交换能够更加有效、更加高效，和客户的连接更加紧密。在通证经济体系中，每个参与者都是股东或社区成员，作为激励，每个人都可以获得经济奖赏。企业通过将通证和区块链融入自身的经济模型，将会极大地改变现有的商业合作模式。

以传媒公司为例，客户需要用法定货币或传统的电子货币去购买传媒公司生产的产品，如电影、视频等，但客户观看完电影等产品后的反馈很难回到这个交易体系之中。另外，在传媒公司生产制作产品的过程中，还会存在许多供应商。这些供应商之间，无论是信息交换还是价值交换，实际上效率都不高。如果在平台上设计一个通证，客户就可以用通证来购买服务，企业也可以用通证来奖励那些提供反馈的客户，或利用通证来作为在供应链上做支付结算或价值交换的手段，用智能合约自动执行利益分配。如此，通证便可以在一个无须信任的网络当中，快速建立大规模、临时性的协作，价值可以更高效地得以流通，并迅速地被验证和消费，还可以被兑换成其他的通证。这对整个生态效率的流转和形成良好闭环能够起到很大的推动作用。

6.4.2 企业利用通证——重组生产关系，改变组织形态

区块链如何改造生产关系？其实没有人能够给出一个清晰的答案。直到谈到通证这个词，这个答案在张健眼中才变得清晰。

区块链用数学的方法构建了一个去中心化的协作网。区块链最核心的关键，不是所谓的不可篡改、透明、可追溯，而是两个字：共识。协作就是共识的基础，建立共识的过程就是一个人与人之间协作的过程。现代企业组织的灵活性越来越不能够适应数字时代的发展，这需要一个全新的分配制度和可以支撑这个分配制度的技术。

未来企业组织会怎么改变？张健推测，有些商业组织就是服务于一个机会，当把握住这个机会后，就可以及时享受到构建这个产品和服务形态产生的价值。张健举例说，比如早上成立一家所谓公司，或者说是基于通证的一个经济实体，然后迅速完成资源的整合和分配方案，同时让所有的贡献者持有这个商业实体的token，那么，即使这个合作在晚上就告一段落，但是基于各自在这个区块链上构建的智能合约，每个人都可以可靠地拿到属于自己的成果。

区块链，或者说通证经济，本身作用于生产关系，它最大的魅力就是能够极大地提升人与人之间协作的效率，它可以用任何方式去分配我们构建的商业的实体或者说虚拟的实体。张健告诉我，他完全无法预想，未来真正是怎么样的，因为未来超乎想象。

通证更像是一个生态体系，基于区块链，基于通证经济的土壤，上面能够发展出迥然不同的形态和玩法。当有了一个成熟的、庞大的基础设施后，各种各样的新东西都会从这个土壤中生长出来。它能够产生大众完全想象不到的人与人之间的合作方式、利益的分配方式和组织形式。

6.4.3 企业利用通证——改变股权架构

邹均介绍，区块链带来的生产关系的变化，对未来的公司架构、治理结构可能都会带来很大的变革。公司制仅历经了几百年的孕育和发展过程，并不能够很好地处理各个相关方的利益。国外经常有诟病，上市公司是为了单纯地追求利益而牺牲客户的利益的一个架构体系，实际上是按照股东意思行事的组织。

但是，区块链实际上是一个非常去中心、对等的、按共识来约束的治理机制，它强调公平、契约，而且客观、及时地履行契约。无论是从公平性还是效率来说，token实际上都比过去的股权的架构更具优越性。然而，它需要一个过渡。

有人说，有了通证之后，企业的股权、期权就不再重要了。对此，以色列嘉宾Nimord May的观点是，当你在投资诸如盘前交易公司时，你就是在认购该公司的股份。但即使你是公司的股东，真正能对公司做出的改变也非常有限。所以股权其实无足轻重，除非你能聚起一大伙人，靠人数来影响董事会的决策。所以Nimord May认为，持有股权当然好，而ICO能使资产更具流动性。流动性是一个工具，资产流动性使投资人能更好地掌管自己所投资的公司。有了期权，投资人不至于对私企没有一点控制权。于 Nimord May 而言，这是一种有效的金融工具，它能有效地激励投资者，让投资者都能踊跃参与 ICO。

有时候我会畅想 token 所代表的未来图景——物质高度发达，精神高度自由，人和人之间只有互相服务，没有互相控制，货币和一些中间机构也没有办法再辖制人，人活得更美好、更舒适。

我相信 token，因为它是人类社会正在走向美好的一种确定的证据。

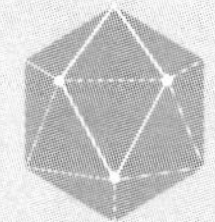

第七章 07

杀手级应用诞生和教育医疗等四大行业巨变

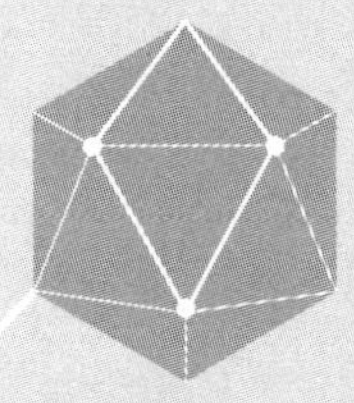

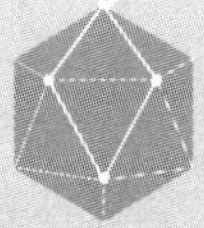

如果20年前，我告诉你，互联网有一种魔法，可以把你和世界上的每一个人联络起来，你一定不会相信。但是在20年之后的今天，这一切都已经变成了现实。

我认为，相比互联网，区块链带给这个世界的应用服务只会更大、更多、更有想象力。在这个刚起步的领域里，到处都是机会。

7.1 杀手级应用将从哪里出现

毫无疑问，区块链技术在全球范围内的第一个实际应用就是比特币，而以太坊是第二大超级应用。目前，区块链的应用主要还是集中在数字货币领域。

7.1.1 区块链在数字货币领域的应用

在谈及区块链在数字货币领域的应用时，以色列投资人 Nimrod May 解密说，比特币在最初被用于匿名转移资金，用于那些我们不太愿意提起的交易。

目前，数字货币的应用情况主要有以下三种。

- 第一类：投机买卖，通过购买数字货币交易使资产升值；
- 第二类：筹资，通过发布 ICO 项目和发售代币来获得资金；
- 第三类：违法交易，是比特币在世界范围内变得流行的原因。

以色列嘉宾 Eyal Hertzog 是一位具有风投背景的科技型创业家，拥有超过 20 年的从业经验。他对比特币的印象和 Nimrod May 类似。最早时，比特币几乎都跟负面含义挂钩，令其真正大放异彩的地方是在黑市，比如赌博、购买毒品、支付病毒软件赎金等。在不合法的市场里大展身手让比特币声名狼藉。

但是，这两年发生了一些变化：以太坊成为风险投资的首选工具之一，为区块链打上了正当合法的标签。虽然能参与到风投中来的人非常少，但参与人以企业家和专业投资人为主。他们的重要性不言而喻，他们是改变世界、变革技术的主要推动力。

相比于对数字货币的广泛认知，区块链的响鞭显然还没有抽醒大多数领域，这也说明，区块链应用的爆发期还远远没有到来。之所以如此，一方面是因为区块链不是魔法，不是所有的领域都适用（中心化的机制更适合一些领域，会更加高效）；另一方面是因为，在区块链领域，安全和用户体验问题一直没有得到解决。

区块链的底层技术还处于发展阶段，以上问题的解决和区块链应用的爆发都需要时间。不过，从理论上来讲，能够应用区块链的领域一定多于不能应用区块链的领域。

7.1.2 区块链在财富管理、音乐等领域的应用

以色列嘉宾 Yaniv Feldman 认为，区块链技术，尤其是以太坊网络，有能够影响诸多行业的潜力。在没有任何中心平台或中间商的行业中，如果想进行信息共享或创造财富，都可以通过区块链来解决问题。不过，这些在金融产业之外的应用尚未开展。

时至今日，区块链的主要应用和影响还是在金融产业，但还有很多想法正在尝试把区块链以及其他去中心化的协议应用于各个领域，比如资产管理、不动产知识产权、医疗档案和音乐之类的知识产权管理领域。

Nimrod May是以色列知名投资人，也是加密货币大玩家。在他看来，从娱乐产业角度来看，区块链最适用于博彩、运动、游戏等区块链协议可以涉及的娱乐领域。目前，区块链技术也正在向交通、农业和工业等一些常见的日常服务行业扩展，包括现在非常流行的金融，都是当代大量利用区块链和代币化技术的领域。

如果这些想法假以时日都变成现实，那么，基于区块链技术的应用将来会像今天的互联网应用一样丰富而具体，并影响社会的方方面面吗？这是一个充满悬念的、很有想象力的问题。不过，就像一粒种子变成大树、一棵树变成一片茂密的树林都需要条件一样，区块链应用的大规模爆发也需要条件。

7.1.3 区块链应用大规模爆发需要的条件

作为区块链行业早期的开拓者，张健总结出了区块链的未来应用爆发的三个前提条件：

- 第一，技术的成熟。只有技术足够成熟，才能够支撑应用的大规模发展。
- 第二，数字货币和数字资产的大规模普及。目前，真正能够落地的、产生价值的场景不太多，甚至可谓少之又少，核心原因就在于整个生态还没有形成闭环。
- 第三，全球监管的发展和成熟。金融在全球各个国家都是强监管的领域。区块链创造了数字资产，涉及了金融的核心领域。推出适应数字资产时代的、适应于区块链时代的监管政策和相应法律，也是区块链应用能够爆发的前提。

三个前提条件需要多久才能成熟？区块链应用的大爆发还需要多长时间？在采访的过程中，中国和以色列的专家团队成员在预测上达成了共识：少说也需要四五年。我们认为，这个时间对创业者们意味着巨大的、难以想象的机会。

7.1.4 一旦条件具备，区块链应用的未来不可想象

以色列嘉宾 Nimrod May 认为，区块链技术能够为服务提供者带来更多价值，在减少运营、生产、运输成本等方面都会受益。当下，已经有很多资本和创业者在开展新的商业尝试。Eyal Hertzog 推断，通过区块链，所有由私人集团保存控制的、我们无法获悉的数据，都能够回到我们手上；我们能够决定将信息技术交予谁，并且从中获利。

只要时间足够、条件充足，区块链创业领域的机遇不可想象。这也是以色列嘉宾 Moshe Hogeg 始终坚信的一点。他相信，这一信息技术的改变肯定会发生，只是时间早晚的问题。

摩根大通曾发布报告称，区块链技术给资产管理者也带来了新的机遇：预计 2019 年，第一次应用大潮会逐渐形成。

当下，在企业层面，中国的阿里、腾讯、百度、小米、京东等大企业，都开始了区块链布局；国际科技巨头 Facebook、微软等公司也都投入了巨大财力，着手研究如何利用区块链提升用户体验。

在国家层面，已经有越来越多的国家意识到，区块链

技术对社会机制优化、经济体制变革等方面存在着重要的应用价值。

7.1.5 杀手级应用的诞生，创业者的准备

区块链行业的下一个杀手级应用是什么，这一直是企业家们都很关注的问题。Nimrod May 回忆道，在谷歌开始筹资时，当时的市面上已经有很多搜索引擎。人们会思考，在有诸多搜索引擎的情况下，我们是否还需要谷歌？但是，当谷歌投入使用后，人们发现，它比其他的搜索引擎好用太多，于是谷歌就变成了全网最大的杀手级应用，并且成为互联网行业的发展驱动力之一。这是当时很多专业投资者或者业内人士都没有预料到的事情。

Eyal Hertzog 认为，关注区块链行业未来将会出现哪些杀手级应用程序，追根溯源其实是为了探讨创业者精神究竟是什么。他坦言，对杀手级应用爆发的预测非常困难，没人知道未来可能出现的杀手应用程序会是什么。如果可以非常容易预测，就不需要全世界这么多创业者做各种不同的尝试了。每个人都站在同一起跑线上，你的预期和其他人的预期成功概率是一样的。如果创业者认为自己能够

打造出未来的杀手级应用，那就应该着手去实现。即使没有任何人能理解也很正常。不是所有人都能理解这项研究是为了什么，也不要指望所有人都理解创业者的最新构想，因为这是创业者才会思考的主要问题。而且，在我们讨论垄断的时候，其本质其实是缺少选择。区块链技术本身不允许垄断的产生。

- 第一，在区块链中，每个人都可以成为应用服务提供商。大家共用一个数据库，所有与应用相关的数据都储存在这个数据库中。
- 第二，在某一个区块链中，可能会存在一些特殊规定，比如哪些数据个人是可以更改的；但并不存在一个集权的实体来监管各项事物，也就不存在垄断的可能性。

在区块链中，每个人都可以成为应用服务的提供商。所以，未来区块链中可能出现的应用，没有边际可以限制，到处都是机会。到那时，杀手级应用应该会大量出现。在互联网中，暗网只做局部服务，而主流网站服务大众；区块链的杀手级应用也会创造一个主流，它们将给这个世界注入正能量。

正如 Eyal Hertzog 设想的一样，他坚信，未来区块链中会出现更多杀手级应用程序，其作用不仅仅是用于黑市交易或者帮助创业者实现金融交易，也不只是为了服务投资家、企业家和创业者，更是为了服务大众。“我相信，这样的应用一定会出现，而且它的规模会比以太坊和比特币还大。”

7.2 区块链将为众多产业赋能

7.2.1 区块链+教育：资源匹配，教育公平

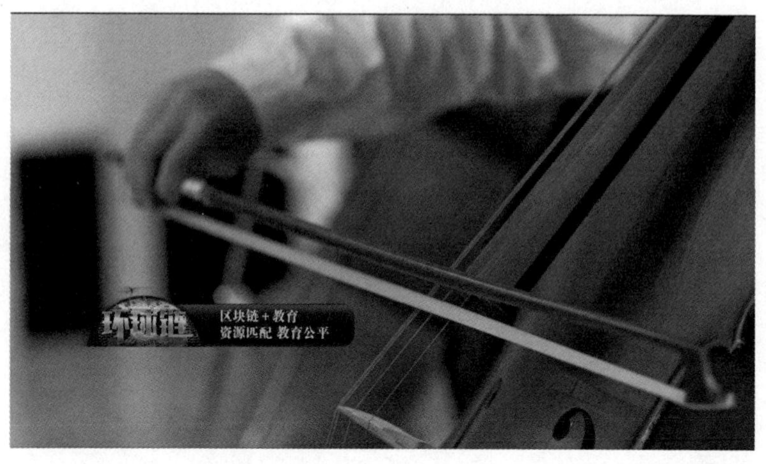

中关村区块链联盟副秘书长、中国数字资产研究院学

术委员邹均曾在国际会议和期刊上发表论文20余篇。在他看来，中国教育现阶段存在很多痛点，其中一个很重要的痛点就是，教育资源的配置不合理。在数字经济时代，区块链能够在教育领域发挥重要作用：通过区块链的通证价值体系，教育资源可以得到高效配置，稀缺教育资源可以最大限度地共享。对于过分强调应试教育而间接带来的学历造假、论文造假等行为，区块链的防篡改、可追溯等特性也可以发挥功能，起到防范和杜绝的作用。

当被问及区块链技术可能为未来哪些场景创造重大的机遇和红利时，王飞跃给出的第一个回答就是教育。王飞跃认为，现在老师的知识跟不断变化的时代的要求存在着很大的脱节，必须找出一种非常规的方式来弥补这种情况，而人工智能、区块链就提供了工具来解决这个问题，解决的关键还是怎么将技术落地。

王飞跃相信，自己正在提倡的平行教育、平行智能、平行教学、平行课堂，将来会是对教育的一场巨大的冲击。如果不采用这种区块链平行教育的方式来教学生，那今天的学校就像200年前农村的私塾、庙里的学堂一样，无法与现代的新式学校相媲美。

王飞跃畅想道，当今大部分老师的知识储备，与这个时代的要求和变化相比，脱节还是比较大的，因此必须找出一种非常规的方式来弥补这种缺陷。人工智能和区块链就提供了这种工具。如果将区块链应用在教育上，首先，找一个讲课好的名师，然后，利用VR和AR技术以及区块链技术将其做成一个“平行的他”，以安全、灵活和低成本的方式实现场景化甚至游戏化的学习与培训过程，为学生提供一个交互的、个性化的老师，学生就可以得到比现状更好的学习环境和效果。那么，现在的授课老师就可以退居辅导员的角色，任务也会相对轻松一点。

未来的新式学校，就是一大批大师级的平行老师＋区块链，既能有效利用名师资源，又能保护学生的隐私。而

且，通过智能合约的助力，这种教育可以变得更加实时化、更加有效。

区块链技术的发展，让许多人对于教育行业的痛点、教育体制的改革创新有了新思考，对未来教育的前景有了新希望。我国的《中国区块链技术和应用发展白皮书》及欧盟委员会的报告《教育行业中的区块链》均针对区块链在教育领域的应用模式进行了初步探讨。其中，工信部在2016年10月颁布的《中国区块链技术和应用发展白皮书》中明确指出，区块链系统的透明化、数据不可篡改等特征，完全适用于学生征信管理、升学就业、学术、资质证明、产学合作等方面，对教育就业的健康发展具有重要的价值。国务院印发的《“十三五”国家信息化规划》也首次将区块链列入了我国的国家信息化规划，并将其定为战略性前沿技术之一。我们放胆想象一下，在互联网+教育生态的构建上，区块链技术的重要作用不言而喻，类似于教师教研成果的保护、学历造假，还有教育资源的分配不公平等问题，在未来或许都可以得到改变。当下大热的知识付费和认知付费项目，似乎也可以抛开中间平台，直接转移到区块链平台上来，形成一个极大的信息数据共享流量池，这样，整个生态系统内的所有参与者均可以低成本地直接进行数据共享。

7.2.2 区块链＋医疗：数据共享，悲剧减少

健康行业主要的资产是数据。这些数据都很有价值、非常宝贵，甚至可以被看成是他们的知识产权和资产，所以医院及各医药企业一般不会共享现有的数据。

虽然区块链不会影响医学，但会影响数据。Moshe Hogeg 认为，医院可以使用区块链对数据加密，以确保数据每一次被使用时都有一定的价值或金钱转到创造这些数据的公司账户中。Moshe Hogeg 相信，在未来，让不同的医院和公司之间共享数据信息，会提升这些公司的医疗服务价值。

医疗机构之间不能共享数据，对于患者意味着什么呢？ Tashfeen Suleman 是美国硅谷一家 AI 公司的创始人，2018 年，我在硅谷采访了他。Tashfeen 亲身经历了由于医疗行业数据不能共享而导致的误诊，误诊给他年迈的父亲制造了巨大的麻烦。

有一天，凌晨四点，Tashfeen 接到一个电话，电话中，曾经是医生的叔叔告诉 Tashfeen，他的父亲患了急性硬膜下血肿，脑出血疾病的一种。Tashfeen 从美国回到巴基斯坦，看到父亲在昏迷之中只能依靠生命维持系统和呼吸机来稳定主要生命体征。在开颅手术后，Tashfeen 的父亲昏

迷了 11 天。

其实，Tashfeen 的父亲遇到的情况是现在医疗体系当中非常典型的一个问题。因为头痛就去看医生，而医生没有了解到父亲之前做过心脏支架手术，所以在用药的时候出现了极大的失误。父亲吃药后，出现了硬膜下血肿，再加上医生没有及时诊断出来而延误了治疗。父亲数天昏迷不醒，必须进行紧急手术和长达六个月的艰难康复去弥补这次误诊引发的结果。

Tashfeen 和妻子 Sahar Arshad 对父亲的经历感到震惊。在向医生了解情况的过程中，他们听到了很多类似于误诊、延迟诊断的案例。这种情况并非源于谁犯错，而是目前医疗体系设置引发的问题，其痛点在于数据管理散乱。病人拿不到自己的数据，而医生又没办法在极短的时间内及时诊断病情。于是，Tashfeen 想到了利用 AI 手段在临床背景下解决这个问题。

基于此，他成立的 CloudMedx 专注于通过大数据和人工智能技术实现数据整合，改善医疗服务，其初衷就是想避免类似情况再次发生。病患应该有权利从各大渠道采集自身的医疗数据，比如从医生、各大药房、实验室，以及存有自己个人信息的所有地方采集数据，这样医生就能通过分析来洞察病情并加以诊断。Tashfeen 相信数据的力量和它在医疗行业可能产生的影响。

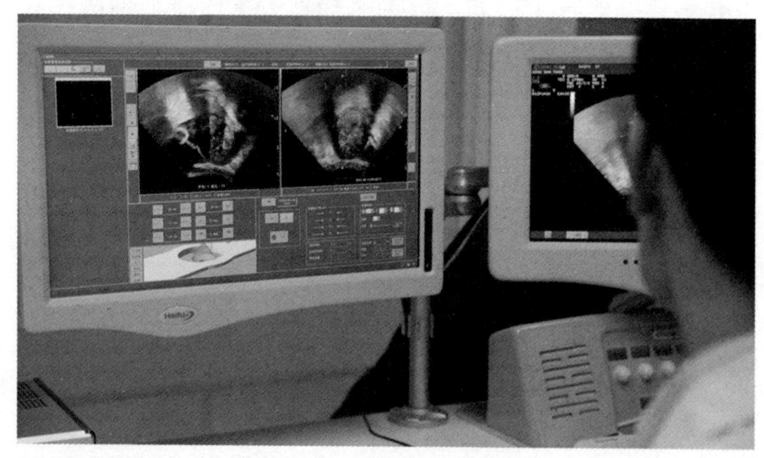

查阅相关文献我们发现，目前大多数医疗数据都被分隔存放在不同的提供商之间，并且它们经常使用不同的数据库对医疗数据进行存储，这会导致许多关键信息无法被及时访问。而这些信息的获取，哪怕只有几分钟或几秒的延误，对患者来说，造成的结果都可能是生死攸关的。医疗错误导致的患者死亡，在各个国家都有相当大的比例。如果有了区块链系统，医疗服务机构就可以更加方便地获得相关重要数据，就可以使患者得到更快捷、更精准的治疗。像 Tashfeen 父亲经历的悲剧将会大大减少。

7.2.3 区块链 + 文化：知识产权保护，高效流通、变现

在采访过程中，专家团队对于区块链的最佳应用场景达成了一个重要共识，那就是文化创意产业将成为其中一个重要场景。

邹均认为，通过区块链和通证经济，可以促成文化产业的大繁荣局面。文化产业中最大的问题就是版权和知识产权的保护问题。现有的保护知识产权的办法在时效性上偏弱，只有自动化和智能化的技术才能实现对这些知识产权、版权、数据权益的确权保护。

邹均认为，区块链对文化产业实际上最有促进和保护作用。通过通证，这些产品可以实现快速高效的流通、变现，能够及时激励那些对内容有贡献的人，并杜绝抄袭和版权侵犯问题。

以色列企业家 Eyal Hertzog 正在经手的一个项目就是媒体。他观察到，近些年来，许多内容开发者的网络提供了多种模式，比如说将整个销售部门和网络结合，让每一位参与者都和网络形成紧密的联系。每个网络都有自己的代币，而网络成员使用代币的时候需要支付一定的登记、

许可和管理费用。如果网络发展得好，每位成员也会从中受益，这是区块链技术在短期内可以带给媒体产业的一个变化。

Eyal Hertzog 推测，从长期来看，高层次技术的应用会越来越多。拿 Netflix 和 YouTube 这样的视频播出平台举例，它们的模式已经非常中心化，平台影响力也很大。平台的权力高度集中，不但控制那些内容生产者，还控制播放的内容，并且从制作者的收入中随意抽成。我们可以设想，以后如果有去中心化的 YouTube 和 Netflix 出现，每个人把原创内容通过网络传播出去之后，都会跳过中间商直接收到相应的创作费用作为回报。这是媒体发展上的一种不断进阶的应用方法，也是未来区块链技术和媒体行业的合作方式之一，即不仅连接所有的创作者，也在创作者和受众之间建立连接。

以色列嘉宾 Daniel Peled 成立的 Hexa Group 是一家领先的区块链领域咨询公司，为区块链系统中的一些顶尖项目提供咨询建议。他提醒道，文化创意产业在适应区块链技术、调整自身发展方面需要注意，媒体公司最重要的资产就是观众，因此可以尝试在公司所在的生态系统中建立新经济体系，通过多渠道触达观众，通过网络效应将公司与用户连接到一起，比如发行代币。

7.2.4 区块链+身份认证：证明身份，服务民主选举

在与以色列嘉宾 Eyal Hertzog 的访谈中，他告诉我，除了教育、医疗健康和文化行业之外，很快会受到区块链技术影响的产业会是和人们的身份认证相关的产业。互联网带来的一个非常大的挑战就是如何证明个人身份，而区块链四大特性中的“信息不可篡改性和匿名性”，不但对身份认证很有保障，可以简化传统的身份认证流程、提高效率、降低成本，还可以进一步应用到选举投票上。

在 2016 年举行的美国总统大选中，特朗普胜出，希拉里落选。此后美国国内一直有一种声音，认为此次选举被秘密操控。如果选举的举行是在区块链上，人们的身份都得到了保障，大家可能就无话可说了。

Daniel Peled 认为，民主选举中最紧要的问题，就是确保选举过程中没有作弊现象。在这方面，区块链技术可以大显身手。区块链技术可以被用来促进国家民主化的进步，实现民主选举与民主机构的可靠转型，让选民可以按

照个人意愿真正有效地参与到民主进程的体验过程当中。

据 Cryptonews 的新闻报道，俄罗斯萨拉托夫（Saratov）地区的政府当局称，他们举行了“历史上最大的区块链选举”，约有 15000 名公民在该地区的青年议会选举中投票。该选举利用了俄罗斯网络安全公司卡巴斯基实验室开发的一个由区块链技术提供支持的在线投票平台 Polys。据 CNEWS 报道，当选民们被问及他们是否希望在未来使用区块链投票系统来取代传统的纸质投票，83％的参与者回答“是”。

区块链可验证投票人的真实身份。当身份确认后的投票者做出投票选择后，分布式的数据结构将保证数据上传时被多方验证和保存，并保证其结果无法被篡改，从而确保选举没有被操控。但这种民主投票方式也存在着一定的局限性。

在技术上，一方面，区块链无法将内部状况与外部联系起来，只能实现网络内部的操作；另一方面，区块链投票尚未成熟，仍需经过开发者的不断测试，因此无法大规模投入使用。在公众接受度方面，重塑传统投票方式、迎来区块链投票时代，也并非一朝一夕之事。所以，区块链赋能身份认证、促进民主进程的过程道阻且长，但 Daniel Peled 相信，有朝一日，区块链可以最终实现杜绝身份盗窃、助力构建一个真正完善的社会信用服务体系。

7.2.5 区块链 + 传统行业：开放、创新

在美国硅谷和以色列，我们看到，很多科技创业者都有一种很好的思维方式：他们看到世界上哪里有缺陷，就会尝试利用高科技技术去修补这个缺陷。那么，区块链可以帮助传统产业实现哪些进步？可以帮助改进我们生活中的哪些缺陷和不足？

Eyal Hertzog 表示，区块链技术让人们第一次有能力通过建立行业网络的方式，去完善几乎所有的行业。他鼓

励我们建立以太坊这样的服务网络来提供更开放、更有竞争力的解决方案，以此来刺激创新能力。在这之前，太多有潜力的创新想法都被我们忽视了。

区块链技术的伟大之处，就是它能让我们了解各个新领域中潜在的创新技术。这个产业有广阔的发展空间，就像互联网释放了网络经济的潜力一样。

区块链技术会推动更为深远的创新能力的释放。它实现的，不仅仅是信息交换，还有存储、追踪以及共享现存的数据。此外，区块链技术还可以帮助许多其他解决方案尽快落地。这就创造了非常多的重塑每一个行业的新机会。

互联网就曾从不同角度和时间以不同的方式影响了所有行业，所以，现在的问题并不是区块链能否影响其他经济形式，而是在什么时间、以什么方式影响其他经济形式。因为，所有的经济最后都会被区块链技术所影响。

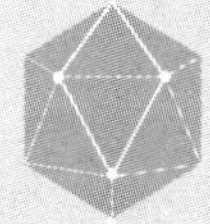

第八章 08

区块链时代：传媒业和内容人的重大机遇

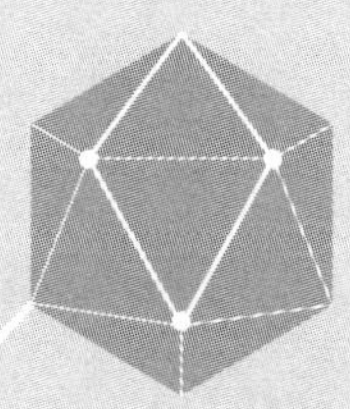

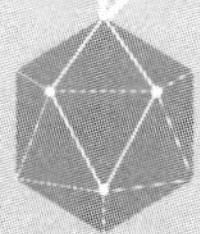

在本书的第五章和第七章中，我们已经给出了一个特别重要的观点：文化创意产业将会成为区块链的最佳应用场景之一，而置身其中的传媒业也将发生巨变。

在本章，我们将会谈到传媒业和区块链如何互相影响，而这其中最重要的问题是，区块链将会给传媒业和传媒人带来怎样的机遇。

8.1 媒体对区块链的不良影响

以色列嘉宾 Yaniv Feldman 是一位具有技术、媒体双重背景的连续创业家，曾被媒体评为以色列区块链技术和加密货币领域“最有影响力的 25 人”之一。当我和他讨论区块链与媒体给彼此带来的影响时，他所持的观点和言下透露出的未来，都让我们深感振奋。振奋的最大原因是，作为媒体人，我们从他的口中看到了自己所在行业所面临的重大机遇。

Yaniv Feldman 介绍，目前，以色列有报道区块链技术的网站，但数量不多，寥寥几个。关于区块链的大部分报道，多数还是由财经和科技方面的传统媒体撰写的，选题会相对主流，技术性也不强。传统媒体不愿意报道技术性强的项目，即使报道了也会写得很浅显，因为不想被人觉得自己的报道有问题。一些小众的专业媒体网站会专注于报道区块链技术和加密经济，评论时下最新的项目和专业报道行业的生态发展。针对这种报道区块链技术的媒体的现状，Yaniv Feldman分析，只要加密经济存在，这种特殊现象就会存在，不仅局限于以色列。比起以色列，其他国家的这种现象可能更加普遍。

Yaniv Feldman认为，媒体报道对区块链技术和加密经济的发展确实产生了非常大的影响，在很大程度上，区块链技术和加密经济的高速发展得益于主流媒体和专业媒体的报道。甚至比特币价格的疯涨，也和媒体的推波助澜大有关系。不过，媒体对区块链的影响并非都是正面的。

报道区块链的媒体，最大的问题是假新闻过多，报道不够客观。这些报道通常会隐藏报道背后的利益关系，不会揭示其用意是宣传某个项目或是为某种代币的价格上涨而进行炒作。判断报道内容的真假非常困难，一方面，区块链的话题本身技术性很高，孰是孰非很难界定，且相关的大部分信息和讨论仍停留在理论阶段；另一方面，人们会发布一些未经考证或证实的消息，很难界定真伪。

严峻的现实是，因为主流媒体不愿意报道技术性强的项目，这就限制了报道加密经济的范围和空间。人们只能把目光投向那些小型网站，以及推特、Telegram、Reddit上那些号称行业意见领袖的人身上，但是通常这些人也只会分享一些难辨真假、无法求证的事情。

2018年上半年，奇霖传媒曾经一直针对中国区块链媒体的发展动态做调研分析。我们从中发现了以下趋势特征：

- 第一，从报道者的身份来说，主流媒体参与报道较少，自媒体参与较多，但是有一些自媒体虚张声势、流于肤浅；
- 第二，从内容方面来说，质量普遍不高，准确、客观、优质、深度、可持续的内容严重缺乏，科学精神和专业主义更是稀有；
- 第三，从媒体发展态势来说，年初还跃跃欲试准备大干一场的媒体，到年终时可能已经批量死亡。

正是因为清楚地看到这个现状，奇霖传媒果断决定加入区块链媒体行业，决心发挥团队持续十数年生产专业、优质、深度报道的优势，为这个行业注入新鲜血液。

如何做好区块链媒体？如何脱颖而出？为了更加了解用户的情况，奇霖传媒通过问卷调查、见面采访等方式联系了许多创业者、投资人，并且在技术专家、媒体人、品牌专家、法律人和企业家等群体中四处调研，梳理出了做好区块链媒体的七大要诀。

8.2 怎样做优质区块链媒体

8.2.1 了解受众的痛点和期待

对于做区块链媒体来说，了解受众及其痛点和期待，无疑特别重要。不过在当下这个时间节点的中国区块链圈，巨量用户汹涌而来，他们的面目并不清晰。

Yaniv Feldman 提醒媒体从业者，需要知道自己的读者群体（受众）是谁。举例来说，普通大众并不想知道柚子币权益证明的具体算法，他们感兴趣的是这一技术是否能解决项目中存在的实际问题，以及如果他们选择投资或使用这一技术，可以从哪些方面受益。

如果区块链媒体从业者所面向的受众是技术人员，他们想知道有关算法、加密方法、扩展性方面的信息，以及其他技术层面的问题。

如果面对的是金融行业的分析师、咨询师和投资者，他们则更想要了解的是市场真正想解决的问题是什么？这项技术真的可以解决那个问题吗？如果解决了，代价又是什么呢？代币经济是什么？其中总共有多少代币在流通？

不同受众群体的兴趣点都不一样，媒体从业者需要知道，即使是同一个故事，面对的群体不同，叙事的角度也应该有所不同。最重要的，是认识你的读者，了解他们的兴趣点在哪里，这一切都取决于你的受众到底是谁。

在我们和白硕、段永朝、吕旭军、郑砚农四位嘉宾的讨论中，段永朝最关心的是区块链的技术动态，他解释说，今天的技术动态还是有相当大的不确定性，因为现在技术并没有完全尘埃落定，特别是不同的技术流派之间仍在博弈，在底层逻辑的建构方面现在也没有完成尘埃落定。段永朝担忧的是，技术稍微有所偏差的话，就可能影响未来十年、二十年的整个走向，这也是他自身之所以最关心技术问题的原因。

郑砚农认为，区块链媒体首先应该报道整个国际发展趋势。一起参加了讨论的白硕则认为，将来的媒体一定是构建在大数据和人工智能之上的。在区块链领域，尤其是虚拟数字货币、数字资产的市场里，需要政府监管、行业自律和跨国全球化监管。他想了解的动态，基本上都是以问题的形式存在的，如果能够有一个机器人对自己的问题有问必答，并且加以分析，他就会觉得非常满意。

吕旭军希望看到这个行业能够有更大、更公正、更中立的媒体出现，能够有真实、公正的报道，这对于引导整个行业的健康发展将起到巨大作用。

8.2.2 秉持社会责任感

重要的道理因为说得多了，反而容易被人轻视，比如社会责任感、正确价值观之于媒体的重要性。作为人们传递、获取信息的工具、渠道、载体，坚守社会责任感和正确的价值观具有一种天然的正当性。

靠谱区块链媒体打造的第一步，就是这一点。这既是一种价值观，也是一种方法论。

Yaniv Feldman 认为，对任何一家财经媒体而言，社会责任感都是非常重要的。在报道金融资产或者金融资产衍生品的时候，媒体在一定程度上掌控了读者的人生。例如，媒体报道了某一具体项目的信息，做了所有相关的披露，但并未给出任何建议，但最终如果这一项目不是读者预期的那样，或者被发现是个骗局，即使媒体并没有给出任何判断、读者才是最终的独立决策者，媒体也是有责任的。

8.2.3 坚守正确价值观

Yaniv Feldman 认为，价值观念是媒体所作所为的出发点。秉持正确价值观念的媒体人，不但不会把任何事情都看成是理所当然，还会针对问题和现象去追根究底、寻求深层次的原因。

媒体人正确价值观的培养，需要做到以下几点：

- 第一，公开透明是基础。媒体应当用最真实公允的方式去报道，最好是把故事真实呈现出来，尽可能地透明化，比如报道一个区块链项目，就要尽可能地秉持客观中立，说清楚项目有哪些优势、有什么不利因素；是否有风险；如果项目成功，发展预期会怎样……必须像这样将全局展示在读者面前，坚决反对和抵制各种有偿新闻和有偿不闻行为（指新闻从业人员在履行舆论监督职责的过程中，或者是借舆论监督之名，接受或变相接受被监督方的贿赂而使舆论监督活动中止或改变的行为），严格执行新闻报道与经营活动分开的规定、不以新闻报道形式替项目做任何广告性质的宣传和隐瞒。这是区块链技术相关报道中最重要的价值观念。

- 第二，客观性。追求客观性意味着，无论所要展示的项目看上去有多么好，都不能从媒体的角度为其大肆鼓噪或在尚未明辨真假虚实的情况下，就轻信项目散布的全部信息。区块链媒体人除了要扮演从传播者到接受者之间传递信息的载体，还要在坚守媒体公信力的原则下，全力披露项目的不利因素。
- 第三，全面深入。要深入挖掘技术的深层机制，重视信息内容的安全可靠和可信度，充分落实信息内容安全管理主体的责任，而不是浅尝辄止地向读者展示项目、让读者了解项目。区块链媒体人行使的新闻采访报道权是公众知情权、公众社会参与权、公众社会监督权等权利的融合、代表和延伸。一个不能全面、深入到事实本质中去的区块链媒体，是无法为真相代言的。

- 第四，不要试图成为法官去评判对错。要让项目和文章来说话，记者只是一个讲故事的人。讲述者必须确保每个故事的客观性，确保正反双方的声音均在文章中出现。记者的核心职能在于，用最真实公允的方式去倾听、去报道正反双方对事情的看法，然后让观点持有者和观点阅读者通过文章去彼此沟通。

8.2.4 知识储备：深度思考能力

我们需要了解的是，区块链和加密经济蕴含着多个层面的知识和信息。在研究目标用户的需求和痛点之外，知识储备非常重要。媒体人绝大多数都不是技术专家，但是要做好区块链媒体，就得具备密码学、数学、经济学、社会学，甚至心理学和法律学的一些知识。如果没有这些知识，可能就无法做好区块链媒体。

2019 年 1 月 10 日，国家互联网信息办公室发布《区块链信息服务管理规定》(以下简称“《规定》”)。规定明确了区块链信息服务提供者的信息安全管理主体责任，要求区块链信息服务提供者配备与服务规模相适应的专业人员和技术能力，建立健全用户注册、信息审核、应急处置、安全防护等管理制度。对于法律法规和国家有关规定禁止的信息内容，区块链信息服务提供者应当具备对其发布、记录、存储、传播的信息的即时和应急处置能力，其技术方案应符合国家相关标准规范。

所以，无论是从广义上来说的区块链信息服务提供者，还是狭义上的区块链媒体，均要充分具备从事区块链行业的专业知识和技术保障能力，从而维护国家安全和公共利益，保护公民、法人和其他组织的合法权利。

8.2.5 辨别并报道真问题

在迅速学习、调查知识的能力之外，特别重要的就是求真思维和辨别力。

区块链据称可以解决很多问题，但在 Yaniv Feldman 看来，区块链不见得可以解决所有问题。其实很多问题，如果通过中心化的机制去解决，会比去中心化的模式更高效。所以记者必须了解这个领域真正面临的问题是什么，然后要了解，去中心化技术是解决问题的关键，还是只是公司试图借区块链去中心化的特质去融资圈钱、把它作为获利的噱头。

想要建立一个能够正确报道区块链的媒体，需要真正了解技术层面的员工、熟知电脑科学、了解区块链和其他去中心化的算法如何运作，甚至了解不同项目的物理限制在哪里，明白什么是人们所说的规模界限。

区块链中有三个维度，分别是可扩展性、安全性和去中心化程度。基本上所有的项目都是在这三个维度内展开。当其中一个维度发展较好的时候，就必须牺牲另一个维度的表现，这样的困境至今还没有解决。媒体从业者需要明白区块链技术内部这种此消彼长的性质，每当有新的项目出现时，需要知道它试图去解决怎样的问题，放弃了哪方面的表现，这样的操作是否能够达到预想的效果。知道该问什么样的问题，是成为这方面专业记者的核心所在。

8.2.6 区分事实和观点

选择了有价值的真问题后，媒体人可能会接触到人物、企业和事件，这其中，事件的厘清特别重要。媒体在报道任何项目和观点前，需要了解它所涉及的多重因素。要想报道好区块链，就需要理解和区分个人观点与事实。

Yaniv Feldman 要求记者，一方面要了解该技术，能够判断其可行性，否则很难界定这是事实还是推测；另一方面，许多项目以代币经济为基础，而代币经济本身就是一种经济机制。经济学中很多模型以理性决定为基础，决策行为需要积累到一定规模，才能验证理论是否成立。所以，记者需要明白，很多信息都是有回旋余地的，不能把一些项目给出的信息和观点当成必然会发生的事情。

任何新闻事件都不简单，每个项目都有支持者和反对者。媒体人需要倾听多方声音，了解事情的正面和反面。此外，报道者只需讲好故事、忠实地呈现事实，让事实自己来说话，力求让报道客观、准确、平衡、理性、专业。这需要新闻素养，也需要科学精神。

8.2.7 区块链媒体的最佳商业模式

过去，媒体的主要商业模式就是广告，但是现在越来越多的媒体开始依靠用户订阅付费，对广告的依赖逐渐减少。Yaniv Feldman 认为，媒体的制作成本应该由读者来支付，在广告收入和订阅收费之间做一个平衡，这可能是未来媒体的最好的商业模式。

Yaniv Feldman 认可两种商业模式。第一是内容赞助，赞助类内容和利用内容营销有明显的区别。内容营销意味着通过公司生产的内容向用户推销产品，内容赞助则是提供有用的信息让读者自己判断，它的透明化可以体现自身价值。和我们所称的软文不同的是，这类内容是透明的，用户也知道其真实目的和来源。

举个例子，比如说报道一个区块链公司，媒体并不撰写有关这个公司产品的报道，而是写建立一个大规模项目有多么困难，以及项目所面临的挑战。从读者的角度来看，这个故事很有趣，而且如果有充足的报道，读者就能知道是哪个项目团队撰写的。这个公司支付一定的费用才把文章发布在网站上，希望能有更多的曝光机会，以展示他们为社会做出的贡献。Yaniv Feldman 认为，这种商业模式是内容赞助，而非人们所说的内容营销。

Yaniv Feldman 看好的第二个模式是订阅付费。媒体在选择商业模式时，媒体部分和数据部分应当选择不同的商业模式。现在存在的信息太多，个人无法验证其正确性。媒体可以提供真实、通过验证和证实过的数据，以及有关不同项目的故事，供人们选择。

数据部分的工作重点是确定核心顾客，以及他们需要什么数据。有的顾客需要原始数据，想要获取数据、信息、交易量和频率这样的数字；还有些顾客想要经过加工的精细数据，区块链媒体可以在收集的数据基础之上，做出相应的分析，帮助他们计算投资盈利情况。

对于媒体部分，分析数据非常重要。与新闻不同，分析报告需要给出意见——投资好不好，风险能否承担，某项资产的公允价值是被高估了，还是被低估了。如果可以出具上述分析报告，报道里既有信息又有分析，提供经过调查研究的可靠数据和事实，会非常有价值。许多对产业感兴趣的企业和个人，比如投资者、分析师、开发者、企业家，他们愿意为优质有效的内容付费。

8.3 区块链给媒体行业带来的巨变

区块链对媒体行业会产生怎样的影响？会为媒体创造怎样的重要机遇？我建议媒体人，特别是媒体企业的负责人深入思考一下。

8.3.1 契机来了的三个理由

财讯传媒集团（SEEC）首席战略官、北京苇草智酷科技文化公司创始合伙人段永朝认为，近年来，传统媒体受互联网影响冲击很大，大家都有转型的渴望，区块链和人工智能让人觉得媒体转型的真正契机来了。

段永朝解释，有三个理由可以说明问题：

- 第一，传统媒介天然是一个双边市场，一边是发行，另一边是广告。它的支付系统、营销系统及价值分配网络还停留在传统工业品的时代。区块链能让所有媒介像直通车一样去跟每一位独立的受众之间建立联系、实现价值分配，让双边市场的商业模式突然有了精细化的可能。坦白来讲，就是针对播出的每一款节目，理论上分分钟都可以知道，有多少双眼睛盯了多长时间，并且愿意用多少价格来购买，一目了然。过去这件事情在技术上不支持，现在在理论上有了可能性。
- 第二，媒介明白了自己的立足之本是资源，包括受众资源、作者资源等，而这些资源的流动性突然有了一个分配的可能，所有的媒介参与者都可以分一杯羹。

- 第三，媒介的意义生产。过去，消费者被动地接受媒介内容，媒介的意义生产就像瓶装酒一样，预制罐装，我们的意识像工业品一样凝结在作品中。在这种情形下，一个互联网支撑的、区块链支撑的媒介内容生产，是在消费文化产品的同时，卷入相互之间意识形态的碰撞。这是一个场域，大家共有这个场域，而这个场域又在二次、三次生产着新鲜的内容，这个新鲜的内容在过去的产品形态下是不可能存在的。

段永朝总结，区块链扎扎实实地提供了价值生产、价值分配及价值流动的可能性，虽然只是理论上的可行性。目光敏锐的传媒公司老总或者媒介从业者都应该知道，扬眉吐气的翻身之日将要到来了。

基于区块链技术的媒体平台，在当下的中国并不多见，但是这样的媒体一定会越来越多。内容生产者长期以来一直处在产业链底端，区块链时代的来临必将让越来越多的人开始觉醒，基于区块链技术的媒体平台代表着未来。

8.3.2 两大深刻影响

上海证券交易所前总工程师白硕从技术角度方面指出，区块链可能对媒体有两大影响。

- 第一，如今的点赞、打赏水分很大，怎么样挤掉水分恰恰是区块链可以做的事情。没有真正观看节目、阅读文章的，无权点赞；曾经的点击率、收视率，都可以被区块链精准地统计出来。这样就可以用技术来把事情支持下去，做出一个干干净净的生态系统。
- 第二，利用人工智能的技术，将媒体从头洗牌。原来的情况是，媒体是媒体，信息服务是信息服务。在今天人工智能的技术条件下，这二者结合成了一个综合体。在区块链中，没有中间阻隔和既得利益者，所以可以将之前的所有边界抹平。当媒体的边界无限扩展，人工智能也可以往媒体领域无限扩展。

2017 年成立于美国纽约的 Civil，就是一个可以共同操作的、专门为记者和寻求信息帮助的人们开发的软件。它建立在一个基于以太坊区块链的协议上。

在这个软件上，人们可以做的事情很多，比如新闻的出版和传播，帮助记者寻找工作渠道、经费支持并接触更多公众。它的最大特点是，可以创造出一个永远不能被撤销、被改变的全球新闻纪录。在这里，任何个人或者团体都不能以性别、年龄、种族、宗教等为理由，对任何其他任何人或团体造成伤害。

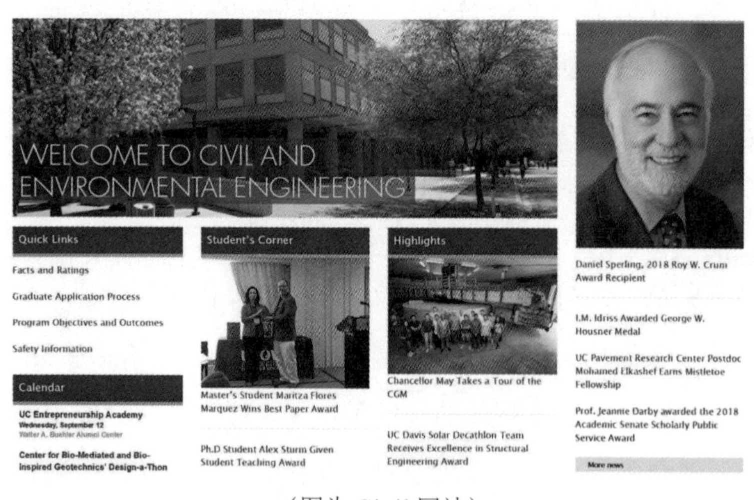

（图为 Civil 网站）

Civil 的建立者们总结说，他们之所以开发这个软件，更重要的目的是，促进更具道德和可持续性的新闻模式，为新闻业达成使命创造条件。

Yaniv Feldman 介绍，Civil 基本上就像是提供一个新闻播报的登记表，让干实事的团队或者记者来核查事实，杜绝虚假新闻。Civil 提供了一个可靠且专业的记者清单，清单上的每个人都是可靠可信的，而每个持有这份清单的代币的人，随时都有权质疑清单上的任何成员。比如你质疑一个人，说他的报道不真实，所有代币的持有人都有权来投票，来判断是否真实，决定这个报道者的去留。

这是继区块链中心化特质在金融产业中的应用之外的另一应用：管理去中心化。这样会给某一行业或者某一利益相关者群体质疑其他行业从业者的空间和能力，从而确保所有从业人员能够达到行业标准。

想要成为 Civil 的其中一员就必须遵循行业的组织法。大家必须一起用行动来规范媒体的行为：他们需要验证自己的报道和事实，不能发布假新闻，也不能使用博取点击率的夸张标题等。所有想加入这个清单的组织等于是在宣布，我们很诚实，我们报道真实新闻，所有人都可以相信我们。这些组织在报道的时候，就会遵循一定的标准来保持诚实。

Yaniv Feldman 认为，这对用户的好处显而易见。用户阅读新闻报道的时候，如果看到报道有 Civil 的认证标识，就知道可以信任。这对整个媒体业同样有益，不专业、不用心甚至别有用心的所谓媒体人会被慢慢淘汰，用心的媒体会生存得越来越好。

中心化的管理方式需要一个中央监管实体来审核所有的记者名单，一方面实在是成本很高，另外一方面是，如果有人通过贿赂这一中央监管实体而获得认证资格，那么这样的认证就几乎没有什么实际价值可言。

相比而言，去中心化的监管方式一方面可以帮助行业掌控具有认证资格的成员，另外一方面也有助于帮助媒体回到过去那种具有极高准入门槛的时代。

第九章 09

区块链+法律：创业者必须规避的风险和律师界的新机遇

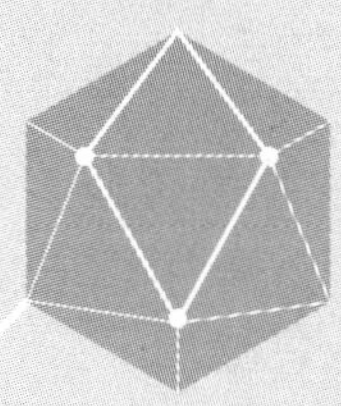

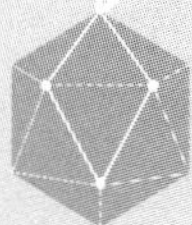

ICO 即首次代币发行，通俗一点说，是为了给区块链和一些代币发行项目进行融资，只不过筹得的是加密货币。

当区块链技术的发展越来越多地产生应用的时候，其潜力和威力都是巨大的，也势必会增加很多法律风险。为此，我们在本章来深度解析一些和法律相关的重要问题，为区块链领域的探索者保驾护航。

为了找到精通区块链相关业务的法律界精英，我和团队在中国、美国、以色列三国多方调研，最后聚焦于以色列知名律师 Roni Pavon。他就职的 Herzog Fox & Neeman（以下简称 HFN）律师事务所已经有四十年历史，是以色列首屈一指的律师事务所。Roni Pavon 是律所的合伙人，也是该所加密货币业务的创始人，同时担任互联网及电子商务部门律师，长期专注于和加密货币以及金融服务相关的法律工作，在这一领域有着丰富的知识和经验。

9.1 飞速发展的以色列区块链行业及其对法律资源的需求

2018 年 5 月，我采访 Roni Pavon 的时候，他做律师已经有四五年了，但是担任区块链领域律师的经验只有 18 个月而已。在以色列区块链行业加速度发展的进程中，他既是见证人，也是深度参与者、亲历者。

Roni Pavon介绍，对比区块链市场18个月前后的状况，其日新月异的成熟速度令人难以置信。在自己刚做区块链领域律师时，唯一来找自己的客户只有两个人，而且这两个人住在车库里、没有任何产品，也没有经验，只是简单地觉得关于区块链的想法还不错，就准备将技术付诸实践。

后来，一些带着测试版本软件的“专业”人士开始陆续上门。他们一般都是初出茅庐，并非这一领域的识途老马，也不清楚这个市场是否真的有利可图。

再至后期，各行各业的大玩家前仆后继地参与其中。精英人士们深知加密货币市场充满商机，对区块链技术的优势、机遇了然于胸。他们懂得、也有能力利用区块链技术去联通世界、创造财富。Roni Pavon调侃道，每隔一阵子，自己都会告诉老板“客户贵在精而不在多”，但大客户总是如期而至、纷至沓来。对于律所和Roni Pavon来说，客户群体的多元化，确实是非常吊人胃口的一件事。这些客户都是非常宝贵的资源，让人无法拒绝。

2018年1～6月，我们节目组曾数次飞到以色列，在当地的区块链企业做调研。以色列区块链企业的数量当时总共有将近100家，和传统企业比，其数量似乎并不算多，但是如果和其他国家相比，这个比例即使在全球也算名列前茅。以色列的总人口还不足中国的1%，但是其区块链企业的数量却是中国企业的25%。作为金融科技强国和与硅谷齐名的科技创新高地，以色列在“区块链＋法律”相关问题上的实践，积累了宝贵的经验，这也是我们将他们当成采访对象的初心所在。

（图为武卿在以色列调研）

Roni Pavon 指出，当 Facebook 进入区块链领域，当 Amazon 接受加密货币作为支付手段，当这些“大角色”都想参与其中时，这一轮革命才真正开始。一些在加拿大、以色列、美国、澳大利亚，甚至在亚洲的上市公司，包括好多来自大公司的企业家以及现在的“独角兽”公司，甚至在考虑到底是选择 IPO 还是 ICO。有些“独角兽”公司根本不考虑 IPO，而是直接进行 ICO。这是发生在区块链领域的一大有趣的现象。企业家倾向于选择利用区块链技术筹措资金，是因为它更有效、更流行，并且规定更明确，这种技术为整个商业生态系统的创造做出了铺垫。

9.2 区块链带来的法律风险

区块链行业目前的准入门槛并不高，管控措施也不严密，当各种层级的企业和各样来路的人纷纷入场，当部分入场者随意向公众募集资金时，将带来怎样的风险呢？

Roni Pavon 认为：

- 第一，控制筹措资金的流向与公司前景战略的实践是目前区块链企业面临的最大挑战和风险。当任何人都声称自己是区块链加密方面的创业家，而一部分人随意向公众融资，但筹集资金的用途不详，是否履约也未知时，这确实是个非常严峻的问题。
- 第二，产业热度的风险。很多企业和个人借着行业的东风，利用话题和热度，不需要任何产品、业绩和成就，就能从单纯的投资者手中筹集资金，然后将其投入到意想不到的项目中。而这些单纯的投资者可能会因此而失去大量的存款和资产。

- 第三，缺少标准和规范的行业操作的风险，这使得行业的领导者和领军人物的行为主导着整个产业的发展。区块链很透明，但想要深入了解并非易事。这些参与代币购买的投资者，不仅仅是 ICO 的参与者，还是代币交换方。当人们并不了解这一技术，没有第三方可以去帮助他们确认情况是否属实、投资是否可靠以及能否获得保护时，这些会是很严峻的问题，也是监管所需弥补的空白。尽管区块链是对所有人开放，被有意打造为主流融资手段，但是大部分在区块链行业周边社群的人并不了解这一技术。监管者必须要了解这些风险，设立相应的标准，让人们懂得自己所需的保护和所面临的风险。

作为一个律师，Roni Pavon 和他合作的审计公司的使命是，思考如何杜绝有问题的人物和低质企业进入到这个行业，阻止他们借产业的热度而非法获利。

9.3 给区块链创业者的三大法律建议

区块链行业已经拉开了蓬勃发展的序幕，引得无数创业者涌来，准备挽起袖子大干一场。然而，许多人可能还没有意识到，法律问题是自己必须经过的第一道坎，必须慎之又慎；还有的人认识到了法律问题的重要性，但心存侥幸，觉得现有法律体系应该会为创新让路，因此横冲直撞。

创业非常不易，区块链领域的创业尤其竞争惨烈，那么，创业者如何才能安全行驶，按时抵达目标呢？

9.3.1 建议一：有监管意识

Roni Pavon 告诫企业家们：不要误导自己，千万别以为自己已经活在纯粹的网络时代里。事实上，我们依然活在一个非常传统的时代，依然还有监管、法律的约束和执法部门的存在，千万不要认为自己可以在网上当一条漏网之鱼。

如果创业者意识不到政府监管形式的变化，看不到日趋升级的监管力度，而盲目追随风口，则会面临很大的风险。只有厘清区块链发展与监管之间的矛盾，理性看待监管机制对区块链行业未来健康发展的积极作用，创业者才会具备对区块链行业监管机制的正确认知。

当浪潮退去，裸泳者将无处遁形。在我国监管落地之际，区块链领域的投机之风也将偃旗息鼓。只有诚心正意的开拓者和奋进者，才能创造出帮助区块链产业未来定基确调的智力成果。

9.3.2 建议二：真诚、透明

对客户一定要尽可能透明，尽可能做到开诚布公，尤其是针对“散客们”。创业者提供的流程越透明、越清晰，给客户提供的信息就越多，这样最终受益的是服务商自己。

虽然截至目前，针对创业者和ICO融资者的民事诉讼还没有重大案件出现，但这终究还是因为，人们在加密领域还没有失去太多资金。随着更多的人进入区块链、在该技术成为主流后，投资者的失败概率将会上升。Roni Pavon预计，这类诉讼也会更常见。创业者是否会卷入其中，重点是看，他们在交易前是否对客户隐藏了应该令其知情的信息。

9.3.3 建议三：谨慎选择服务商

区块链服务商的角色非常重要且多元，他们不但可以提供基于核心技术的解决方案，还可以在一定程度上弥补市场开拓能力的不足，甚至在创业的过程中扮演参谋和军师的导向作用。因此，服务商是对创业能力至关重要的补充。

在选择服务商时，一定要考虑到、平衡好各个方面，而不只是考虑价格和资金筹集的问题。除了硬性技能上的互补和金钱目标上的互利共赢之外，创业者和其服务商还应具备同样正向的价值观、共同的工作目标和可持续发展的长远规划。所以，创业者要找那些懂得如何保护自己、能平衡各方需求、让自己长期发展业务的服务商，确保其提供的一切合乎监管法规，而不是那些看到机会只想着能赚多少钱的人。

9.3.4 建议四：有可执行方案

尽管区块链创业看似很容易，但如果没有能够执行的方案就不要做。除非你知道方案如何执行，并且清楚这套方案有成功运作的可能，否则就不要去染指。ICO 不是目的，建立一个给世界带来改变的平台、发挥加密货币产业的优势、帮助和支持传统产业才是创业者应该考虑的问题。

此外，融资不要贪大，想要减少风险就只拿你需要的数目。如果你有能力在两周内筹到 2 亿美元，那你也要承担 2 亿美元等级的风险；如果创业者希望减少自己的风险，那就尽量只融到项目必需的投资就好，或者再额外加一点以防万一。不要把融资看作是一夜暴富的方式，因为相应的风险也需要你去承担。

9.4 区块链监管：如何创造价值

对于各国政府来说，区块链这一新生事物，就像一个突然冒出来的聪明又调皮的孩子，让人一时措手不及，不知如何管教。因为一方面，怕它被心术不正者利用，会有负面效应和效果；另一方面，又爱它潜能巨大，对经济发展、社会进步是重大利好。

我们先来看看世界各国的反应和手段：

- 爱莎尼亚政府早在 2014 年就启动了“电子公民”项目，据说这是世界上首个由政府发起的区块链项目；
- 俄罗斯联邦信息技术和通信部宣布，2019 年实现区块链合法化；
- 韩国政府将区块链看作第四次产业革命的基本技术，阻止数字货币违法行为，防止投机行为，大力支持区块链技术；
- 2017 年 9 月，中国人民银行等七部委联合发布了《关于防范代币发行融资风险的公告》，全面叫停代币融资。

对于中国政府的决定，我非常支持。一方面，这是技术发展的必经之路；另外一方面，我们分析中国政府的监管思路，基本上是为了打击数字货币领域的违法行为，同时扶持区块链。这没有什么不好。

区块链是一个好技术，甚至可以说是一个伟大的技术。它的良性发展需要相关部门的监管和保驾护航。因为不经限制，没有人可以享受自由。

当下，世界上主流国家对数字货币的监管政策基本上有三个态度：严谨、部分地限制、准许。政府的作为让一些人如梦初醒，原来即便是数字世界，也是有边界、有规矩、有限制的。

Roni Pavon 认为，第一个改变出现在 2017 年 7 月，政府将 Howey 测试代入区块链和加密货币行业。在此之前，很多开发者认为，自己已经完全生活在虚拟世界中，区块链技术在逐渐取代银行和监管机构，甚至取代律师。在那时，从业者们第一次理解到，即使所有的交易都是用虚拟货币在虚拟世界中完成，他们依然活在传统世界中。

从律师的角度来看，监管的最终目的是创造价值。现在，监管者们的主要工作，就是允许这个产业在向日常生活发展的同时保护大众，同时还要在产业和群众中建立起互信机制。

这涉及方方面面的工作。最主要的就是安全法规。现阶段，ICO 以及新代币的发行是筹集资金的主要方式。对于终端消费者（代币的购买者）而言，购买代币就是在承担风险。行业标准越低，投资风险越高。如果公司没能搭建好代币所在的平台，那代币就没有丝毫价值可言。网络时代，各国纷纷出台网络安全相关法律，安全法的存在就是为了保护这些并不了解投资风险的人群，是监管机构为保护大众而采取的重要措施。

Roni Pavon 指出，在美国，这样的保护额外显著。跟加拿大、以色列类似，美国有着特殊的安全法结构。

监管的另外一个重要方向是对支付手段的监管，这类监管在亚洲国家更为显著。大部分司法部门对 ICO 都不怎么熟悉，他们甚至认为，ICO 和代币只是一种支付手段，还尝试去用规范其他虚拟货币支付方法的手段来规范 ICO。这种防范手段的主要目的是杜绝洗钱，防止通过这种商业生态系统、利用无监管的转账手段去实现合法的金融转账。Roni Pavon 认为，监管者们需要了解，人们只是在利用这个生态系统，利用区块链和加密货币的优势，进行非中心化、大批量、零延迟、零监督的转账，这种转账方式可以避免被别有企图的人或是集团所利用。

此外，如何保护消费者权益也是监管机构重点关注的领域。标准越低，风险越高。监管机构有责任尽可能地维护大众权益、设立一系列标准保证白皮书的内容，以保护最终用户的权益。只有这样才能增强各方之间的信任。这就需要规则的制定在消费者保护方面给予明确表态。这方面的探索仍在不断进行之中。

监管是把双刃剑，如果放任不管肯定不行，但是过度监管又会限制技术创新、影响产业自由。以色列嘉宾 Moshe Hogeg 认为，政府的过分监管的确会是一个挑战，但是也不能完全没有监管。一个专业的政府，可以通过区块链看到事情的全部，因为没办法躲藏，大家可以更好地参与其中。所以，区块链应该是也必将是政府的好帮手。作为研究金融科技的法律专家，Roni Pavon 的看法是，世界各国的监管者都需要有足够的智慧去拿捏分寸，这就需要在两个方面之间仔细权衡。

在 Roni Pavon 看来，监管者面临的最大挑战在于了解区块链行业。从业界的角度考虑，他并不认为规范制定者有能力认识到什么才是真正的区块链。规范制定者如果不明白行业的根底来源，不明白行业是如何影响生活的，就无法通过立法去规范监管行业。而终端用户，也就是最基础的散客们，正处在一个尴尬的境地。现在的主要问题是，规范制定者往往只在一个行业发展壮大后才会留意到它，这其中需要弥补的沟壑越来越大。

Roni Pavon 提出了自己的两条建议。

- 第一个建议，是规范制定者要了解区块链市场，懂得市场需求，了解大量从业者涌入区块链和加密货币领域的原因。规范制定者需要更了解区块链产业才会将它的优势凸显出来。监管机构需要来自加密货币和区块链领域专家的支持。只有该产业完全进入监管者视线，才能真正地发展壮大。

- 第二个建议，是立刻建立标准、设立行业的准入门槛，比如规定什么样的企业可以融资、能从哪些人手中融资等，但是目前还没有任何规范条文来指导他们。

监管者应该和行业领军人物合作，考虑行业需求，同时结合自身监管者的定位，保护大众权益。只有这样，监管者才能制定出适合这个行业的监管措施；也只有这样，监管最终才会与区块链行业更契合，也更有效。

9.5 区块链对法律行业的改变

区块链对教育、医疗、大健康、文化创意、媒体等行业都产生了影响，那么区块链对于法律行业会有什么样的影响呢？律师、法律界人士又当如何应对呢？

Roni Pavon 认为，说到底，去中心化的数据模式会成为区块链的核心思想，这将会改变很多事情，比如说知识产权、商业注册、协约等。这一发展道阻且长，但就目前的情况来看，短时间内区块链不会取代行为准则和监管者，但朝这个方向的发展肯定会缓慢进行。区块链中的加密交易使人们可以不必顾虑现有的一些准则和规定。举个例子，现在在以色列，如果想买下一栋公寓楼，就必须去相关的机构注册，假以时日，可能在未来的某一天，你可以通过区块链登记。

我们会看到更多政府部门尝试融入其中，因为世界上已经有先行者参与进来了。人们接触到密码交易的机会应该会越来越少，因为整个以太坊的目的就是为交易双方提供信任，这也正是我们前往的方向。这是未来的发展方向，区块链这一技术正在逐渐成为主流。

加密市场最初由 IT 人士、高科技人士主导，现在有更多的大公司开始参与，但参与的大多数还是精英人士。要让大众接受和参与，转变他们从政府、法院和其他机关获得服务的方式，需要用信任做基础，而让区块链的概念深入人心至少仍需数年才能实现。Roni Pavon 坚信，这一天终会到来。

9.6 区块链给法律工作者带来的新机遇

对于区块链行业的发展来说，法律人士的存在至关重要。区块链行业还非常年轻，目前活跃的区块链律师也不是很多。对于律师们来说，现在正是一个入行的好机会。

Roni Pavon 认为，政府机构、司法部门和市场之间泾渭分明。律师角色灵活，可以直接参与行业运作，也可以提供法律指导。在他所在的律所里，他和身边的同事们都在积极地参与以色列区块链行业的发展。因为，这个行业已经释放了明确的信号，需要法律人士的加入。

18 个月前的白皮书更像是时代广场的公告牌，华而不实。但是现在，白皮书已经成为一个看得见摸得着、经历过律师审查、随处可见的文件了。实际上，已经基本没有不包含风险因素或者不含“免责声明”的白皮书了。律师可审阅具体且具有实质性的内容，这些包括公司的产品开发、技术研发能力及面临的风险等，也可以帮助投资者做出明智的决策。作为负责任的法律事务所、负责任的会计公司和服务提供者，主要任务就是确保这个行业拥有很高的准入标准，真正保证只有符合资质、真正想在行业施展拳脚的人和公司才能进入市场。

从接触互联网以来，我们遇到过各种问题。我们从历史中发现问题，考量互联网给市场带来的影响，反思金融产业欺骗投资者的历史，从中累积经验，吸取教训，思考如何搭建区块链行业的结构。Roni Pavon 把自己视作这个产业中的一员，希望能给出目光更长远的解决方案，来完成人们在2009年所设想的那些改变，比如消费方式、交易方式、信任他人的方法……

律师接触的业界人士更多，律师客户特权使我们可以了解业内所有信息，接触更多人，学习行业知识。Roni Pavon认为，律师能够以自己的方式影响该行业的发展，影响交易、付款、互信的机制。此外，律师相对政府机关更为灵活，因为能分别从消费者、法律、行业人士的角度来看待问题，因而影响力也更大。

Roni Pavon解释说，律师的优势在于能见到业界很多有趣的人，可以从客户的经历、其他行业学到经验，再加上可以以更为灵活的方式去影响市场，这让律师的工作在区块链领域内变得非常重要。在接下来的二十年，法律从业者们会影响世界的运作，影响大众消费、支付方式、交易方式以及人与人的互信机制，而且会比政府的管控方式更为灵活。在Roni Pavon看来，他们能同时考虑到消费者、法律以及商业层面，并且有能力做到这一点，给世界带来重要改变。作为一名律师，作为法律界的一员，这是推进业界发展的最好时机。

面对新兴的区块链行业，律师面临的最大挑战也是了解区块链行业。律师们大多都是法学院毕业，因此想理解区块链技术并不容易。这个行业对律师的期望及要求非常高。如果一名律师不了解区块链和加密货币，不深入了解技术的想法和背后的动机，以及技术的创新点在哪里，那就很难占据一席之地。

以产权律师为例，如果有一天注册只是产权的途径转移至去中心化的区块链系统登记，这个时候，一名不了解区块链的知识产权律师就无法为客户管理风险。同理，证券律师也是如此。

Roni Pavon说，自己并不知道未来是否会出现更多的律师，智能合同反倒可能会导致律师数量下降。但他认为，律师必须了解区块链、加密货币和新的消费方式，这应该是每名律师都需要掌握的基础知识。

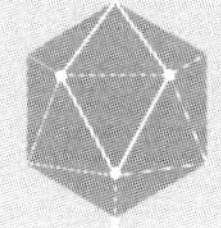

第十章 10

区块链投资五大方向详解

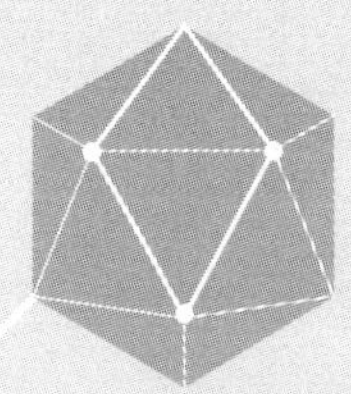

2018年时，曾有媒体报道说区块链全面爆发了，我的感受是，只是“区块链”这个名词爆发了而已，实际上区块链的技术和应用的爆发少说还有三到五年的路要走。

拿技术来说，现在还处于早期，基于区块链技术的应用的用户体验也不是很好，有的用户体验甚至可以说是很糟糕。我们在本书之前的章节中所分析的区块链即将带来的很多深度变革，现在大多数还处于理论阶段。但是，所有这些问题加起来告诉了我们一个重要的事实：现在是一个投资区块链的好时机。

10.1 重要投资方向——加密货币

以色列嘉宾 Moshe Hogeg 是区块链领域专家，长期关注科技领域。我们在多个场合接触 Moshe Hogeg 的时候，他都会反复强调一件事情：作为一个理性的投资者，从多元化投资的角度来看，一定要投资加密货币。

加密货币是全世界你唯一能真正拥有的资产，没有人能从你手里夺走它，不用进行分散投资即可拥有大笔财富，这和其他任何资产，如艺术品、汽车、房地产、股票，甚至是银行存款都不同。投资者可以按照比例进行资产配置，这取决于个人喜好，因为它的价值非常容易蒸发。Moshe Hogeg 非常坚定地认为，加密货币市场的前景，比世界上任何其他货币都要可观，这是一项非常好的投资选择。

以色列投资人、企业家 Daniel Peled 回忆说，从他 2013 年实习期间第一次接触到比特币到 2016 年年底，比特币的价格翻了十倍。最初，比特币的价格被认为到 2070 年都不会有太大变化，后来经历了一些起伏，暴涨之后媒体开始广泛报道。Daniel Peled 介绍，从投资回报率的角度来看，对该技术的本质了解越多，就越明白其影响之大。区块链能在全球范围内，用去中心化的方式，以低廉的成本实现价值转移，而数字性稀缺资产和大规模协作项目的相继出现也勾起了他的兴趣。

10.2 重要的投资方向——代币

在国内采访的时候，我经常会遇到这么一种现象：我身边很多聪明的投资人和企业家对区块链的看法不是特别好。我很吃惊，因为他们的说法类似：中国的区块链就是用来割韭菜的，代币也不是什么好东西，需要提防着点。

代币到底是什么，它对于世界经济的价值、对于企业和企业人的帮助，我们在本书的第六章中已经说得已经非常通透了。事物的发生、发展和认知的升级换代是需要时间、需要过程的。在我知道的所有和区块链相关的投资中，投资代币尤其需要谨慎，但最需要的是认知升级。

10.2.1 风险投资和代币

以色列投资人 Daniel Peled 热爱创新，投资了很多科技创新项目，在加密货币上收货颇丰。在讨论投资代币发行公司和代币之前，他先分享了自己对当今风险投资领域的看法。从投资回报率的角度看，现在的风险投资非常难以操作。许多风投基金都要求投资回报率在 10% 以上，或是 10 年期利率的 3.14 倍。据统计，大部分风投其实都无法做到。最大的问题在于其投资的公司很难创造足够的营收，这样就无法实现投资回报。从风投资本家的角度看，其投资的公司想要成功上市或者收购、并购，大概需要 7 ~ 9 年的时间，而全球只有 1% 的初创公司能够坚持到这个阶段。

对于传统风险投资的局限性，大众其实心知肚明。不过多年以来，由于没有特别好的替代方式，很多实力强大的大 LP 们还是选择把钱交给风险投资公司。但是最近我们发现，好些风险投资公司倒闭了，留下来的日子过得也不好。除了经济大形势的原因之外，恐怕还有一个原因，那就是比风险投资更有优势的投资模式出现了，比如代币。

Daniel Peled 很早就开始投资代币，依靠的是市场本身的增长，以及代币的自身发展。他介绍，从市场角度来看，普通公司要把市值从 1000 万美元翻 10 倍增加到 1 亿美元，需要极高的成本。但代币的市值，从 1000 万美元或者 1 亿美元翻 10 倍，会相对快很多。Daniel Peled 推测，区块链的市场会和传统初创企业一样，只有约 1% 的公司能够成为大企业。这个行业能筹集很多资金，监管却很少。区块链公司很多在一开始就会进行融资。代币发行之后，可全年无休交易，不需要中间代理人，能够灵活选择投资组合，风险显著降低。相比而言，风险投资的劣势是，无论好坏，都无法脱身，赚钱速度又慢、收益又低。风险投资的劣势，恰好是代币的优势。显然，站在投资人角度，代币表现优于股票。在区块链领域，投资人能灵活机动地选择投资组合。但在投资公司时，公司的中期和长期成功都能够给投资人带来投资回报，实现盈利。而目前，可能是因为技术的原因，区块链领域的投资回报率有时更低。

Nimrod May 指出，投资传统初创企业并见其成效，任重道远，需要很长时间。根据现在的统计数据来看，在以色列，一般的初创企业的成功率在5%左右，而投资人要是想获得回报，就经验来看，平均花费的时间是7年左右。而投资区块链公司的ICO，尽管不会获得股权，但会很快获得回报。当然，这指的是投资的预售期，而不是在市场上公开的代币交易。对于Nimrod May来说，这是一个更加有效的金融工具。如果投资者投资的是股权流动很快的货币体系，基本上稍有上升趋势，就能轻松从中获得回报。

Moshe Hogeg的观点是，未来的赢家不会只是一两个人，而是多数人。同一般科技公司相比，两者主要的不同点在于策略。传统风投清楚，大多数投资都可能会失败，而在加密货币方面，一个优秀的区块链项目，比如说以太坊，就能轻松增值两千倍，这就是差异。

10.2.2 政府监管是必经之路，新的商业模式自有生命

一方面，代币的价值和前景让人无法漠视；另外一方面，已经被媒体曝光的那些疯狂的骗局及其展示的风险，又让人胆战心惊。

在新事物发展之初，来自政府的监管也许会拖慢其发

展速度，但从长远角度来看利大于弊。此外，政府也需要足够的时间去了解新事物，并把控其横冲直撞式的发展带来的负面影响，这是必经之路。

在 Nimrod May 看来，目前还没有一套确定下来的基本规则。红线一直在变动，监管者也一直在尝试理解这个行业，他们还需要对现状做出深层次的评估。因为现在，初始者们在进行 ICO 时可以绕过不同的监管，这也是为什么不能只从单个国家来谈监管，不管是从以色列还是美国都不行。

Nimrod May 认为，我们总能找到方式越过来自一个国家的各式监管，也许是时候成立一个区块链岛或者说区块链政府来解决这些监管问题。它的规则应该使得每一个国家都能通过中心化区块链来服务各国的立法者及执法者，然后以此来帮助想参与加密货币中的人实现良好的用户体验，这样他们就不用整天提心吊胆，害怕哪一天触犯哪国的法律。

10.2.3 证券代币

Moshe Hogeg 介绍，正如所见，现在我们看到的几乎所有公司和项目都与区块链有关，或者说至少 95% 都与区块链相关。区块链技术带来的革命，并不仅是提供了一个去中心化的分类账，也是一种促进资产流动性的能力。比如，将不动产（比如房子）代币化，让大众参与其中，让权于大众，以此来催动的资本流动，这也是项很好的投资。

Moshe Hogeg 认为，我们将会很快见到越来越多由不同公司支持的证券代币以及不同类型的资产。证券型代币，基本上就是数字化的股权，直接将股权、债权、担保物等其他财产数字化，尤其是和其他有形资产的安全化相关的协议，比如数字化房地产和艺术品等，然后把这些资产的所有权，以及潜在的营收转移到区块链上。Yaniv Feldman 认为，这些新生事物都十分有趣。紧接着，传统产业会被带动繁荣起来，监管也会变得更加稳定。一些养老基金、对冲基金等，大的金融机构也会进入这个受安全监管的领域。

10.2.4 股权代币

股权代币化是一个值得关注的方向。假如你投资了很多企业，拥有比例相当可观的企业股权，对于股权流动性差这个事实，应该不会有不同意见。不过，好在，在区块链时代，股权是可以流动的。

以色列嘉宾 Nimord May 投资了 10 多家不同公司，持有 20 多家公司的股权。他投了一家公司，该公司能够提升私人所有的股权的流动性，通过让股权代币化的方式，使其能够进入二级市场进行交易。他认为，公司并不需要达到一个特定的估值才能开始 IPO 或者开始并购的流程。在这个过程中，他能够见证身边许多颠覆性的事情，也能够以一位投资者的身份非常活跃地参与其中。

10.2.5 如何找到投资机会？看团队

在 Nimrod May 看来，当你投资一个处于红海领域竞争激烈的企业时，你必须要基于已有的公司做各种市场分析，制定规则来使风险最小化。

首先要保持敏锐的直觉，在直觉之外，还需要寻找公司背后拥有正直和诚实品质的团队。在做投资决定时，不管是进行 ICO 还是投资初创企业，都需要弄清楚你投资的这个人或团队是否品行端正，是否正直和诚实。

建立公司的过程充满艰难险阻。公司的发展过程就像坐过山车，时而充满愉悦，时而惊险备至。所以你要确保你所投的这个人具备充分的弹性，他身上具有的一些特性足以支撑他走向成功。

另外，努力理解被投资公司当下所做的产品和未来发展方案、潜在或已存在的竞争对手，了解他们是否会为世界带来实质性改变，了解作为一个投资人是否能够感同身受。如果投资人相信这个团队能带领整个公司用正确的方法走到最后，也相信他们的愿景及开发的产品，包括他们的技术承诺，那就可以着手进行投资。

在预售阶段、ICO 阶段，甚至是代币上市时都可以投资，但只要投资人还有疑虑，那就不要参与。如果投资人不清楚这个团队的决策背后的机制、原理，那最好还是查一下这个团队过去的背景及成就等。要确定，该团队是真的在解决实际问题，且其提供的产品是刚需，不然这个团队能做出大事业的机会就非常渺茫。

投资人要牢记，任何在做 ICO 的公司，都有着与之相似但不依靠区块链运转的传统公司，要留意这种传统公司，看这种不依靠区块链的平台是如何成功的。

切记，最重要的是关注要投资的"团队"。

无论投资什么类别的项目，把握好团队这个要素总不会错。在全球范围内，ICO 市场总体来说还比较开放，准入门槛也比较低，大多数人都能轻而易举地做 ICO。这其中，许多公司都无法解释其融资目的、用途，还有许多公司只是为了投机赚钱。在监管没有到位的情况下，投资人要谨慎判断项目的优劣并做出明智的选择。

Daniel Peled 的做法是，只投资有真实业务的公司——有营收、用户基础、品牌、销售记录、管理系统的公司。这几年的经历也证明了他这一投资策略的正确性。当一个真正的公司认为他们能为区块链生态系统创造巨大的价值时，Daniel Peled 就会帮助他们转移到区块链领域中。

为了协助完成这个过程，Daniel Peled 创建了以色列最大的咨询公司。很多高新科技公司、信息公司对自己的业务领域非常熟悉，却对区块链一窍不通，对安全性、智能合约、投资关系，再到区块链社区、开发贷比经济链等方面更是知之甚少。只要了解这些公司，就有了非常好的投资方向，这也是 Daniel Peled 现在主要在做的事情。

10.3 重要的投资方向——用户体验、基础架构、监护和管理

关于区块链的投资大方向，我们在策划、制作和调研阶段花了大量的时间和精力。除了前面所说的加密货币、代币之外，还有一些和区块链相关的方向值得投资人密切关注，比如，和用户体验这一痛点相关的方向。

2018 年 5 月采访 Moshe Hogeg 的时候，他正在做一个叫 Sirin Labs 的项目，这是一个关注区块链时代的用户体验的项目。Moshe Hogeg 认为，钱包的安全性非常重要。Sirin 就是在解决区块链经济中最主要的两个问题：安全性和用户体验，同时也在扩展区块链中的业务范围。总的来说，就是新旧行业的一次碰撞，大量的传统商业智慧和新兴技术相结合。

除了和用户体验相关的项目之外，Moshe Hogeg 最看好的投资方向中，另一类是基础架构或者叫基础设施类项目。众所皆知，在做应用之前，应该建立基础架构，很多有意思的项目都和基础架构相关。Moshe Hogeg 推断，在未来的两到三年内，许多新应用就会面世。

在基础架构上的投入，就像 100 年前在曼哈顿买一块地，地很便宜，因为没有“通路”。但是未来会通路，也会有基础设施，这块地会变得非常昂贵。Moshe Hogeg 推测，未来“通路”之后，首先会受到影响的就是金融行业；其次，大的设施、交易所、银行会受到影响，之后才会波及世界上所有的公司，让它们可以在区块链上管理自己的资产。

在以色列比特币社区资深人士 Daniel Peled 看来，基础架构是构建网络效应的关键，非常有价值。现在排名前 20 的代币如比特币、以太坊、莱特币等，都是基础架构，这个投资方向值得注意。

Daniel Peled 看好的另一个投资方向就是监护和管理。他介绍，现在整个生态系统里最大的、成长最快的公司，其实是一家名为 Coinbase 的中心化的企业，它成功的关键就是监护，公司会帮助客户监护自己的数字资产。

很多业内人士都说，既然大家都有自己的私人密钥了，这种服务肯定很快就会被淘汰，但是 Daniel Peled 并不同意这种说法——现在区块链技术的安全性很难保障，在这种状况下，拥有大量的数字资产还是让人担忧。主流的消费者们是不会自己管理保护这些资产的，所以对这些资产建立起监护的公司，实际上是在这一块建立起了一个生态系统。Daniel Peled 认为，能做到这一点的公司，就会成为抢占主流市场的领头人，前景无量。

我想，对于理性而又有思考力和判断力的投资人来说，投资区块链的大前景应该是毋庸置疑的。全球几千家区块链企业基本上都处于发展早期，投资机会大好。但是，区块链毕竟是新生事物，除了投资方向外，投资原则、投资策略、考察维度（比如必要性、市值、商业价值、团队）等，都需要投资人重新学习思考。

为此，Moshe Hogeg 主要采用两种投资策略，一种是短期交易，一种是长期投资。

短期交易主要看流动性和是否属于种子投资。如果资产有流动性，项目又处于早期，能够在早期价格低点入场的话，Moshe Hogeg 基本上就会选择投资。

在投资长期项目上，Moshe Hogeg 除了关注像投资传统初创企业时相似的指标，比如团队背景、经验和执行力外，还会看一些额外加分点，看区块链产业专有而其他行业不具备的一些东西，以及项目想法是否可行，项目多长时间内可以给用户带来价值等。除此之外，还要考察团队市场营销能力、社群沟通能力以及人脉资源等。短期投资只是Moshe Hogeg投资组合中的很小一部分，大部分的资金是投在信任的长期项目上。

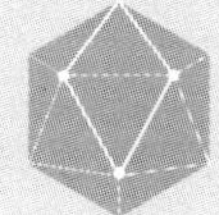

第十一章 11

比特币、法定数字货币和加密经济前景分析

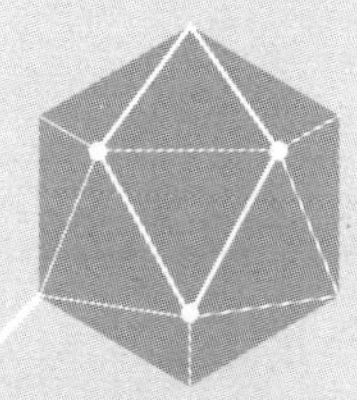

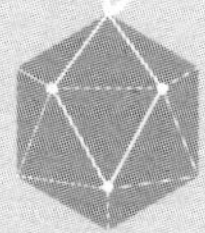

加密货币，是一个让人爱恨交加的问题。一方面，精心设计的欺诈事件时有发生，区块链所遭遇的诽谤和非议都是拜加密货币所赐；但从另外一方面来说，区块链目前的势能和未来的向好发展，也都离不开加密货币。

11.1 比特币现状：没有被广泛接受的两个原因

随着比特币在2009年问世，加密货币逐渐为大众熟知。然而，直到今天，加密货币依然没有被广泛接受。放眼全世界范围内的交易，我们会发现，绝大多数交易都和加密货币无关。

在采访中我们发现，绝大多数人对于在自己

的理财计划里增加加密货币这件事都不以为然。我们以比特币为例，解释一下用户在面对加密货币时的体验。在比特币世界，有一些众所周知的有趣比喻，比如，获取比特币被称为“挖矿”，挖比特币的人被称为“矿工”，而用于“挖”比特币的电脑被称为“矿机”。最初的比特币非常好挖，通过普通电脑就可以完成，但是随着比特币价格上涨，电力、时间、资金成本变得越来越高。

此前我们已经在第七章介绍过，比特币在最开始的时候，主要被当成一种匿名转账的方法，用来做一些不太见得了光的生意。诚如以色列嘉宾 Eyal Hertzog 介绍，很显然，它被拿来做这种不合法的生意时非常成功，比如说赌博、购买毒品，甚至是当作绑架软件的赎金。正是这些交易使得比特币声名狼藉。

非法交易一方面让比特币变得十分流行，另外一方面也让它恶名昭著，不能被正经商家广泛接受。以色列加密货币大玩家 Nimrod May 认为，虽然人们一般都不太想去谈比特币那些不好的用法，但在他看来，其实那些才是让区块链在全世界流行的推动力。

区块链现在还没有被广泛地应用，主要是有两个根深蒂固的问题。第一个是安全问题，人们需要保障自己的资产安全，并不是所有人都懂得怎么去保护自己的资产。第二，用户体验是现在全世界区块链最大的问题。想要获得一块比特币或以太币，并不是一个非常符合直觉和简单的任务，Nimrod May 自己的第一枚比特币就来得非常不易。在加密货币和区块链技术应用更加广泛和更被大众接受之前，需要解决这两个问题。

让 Nimrod May 兴奋的是，转机在这些年已经出现，尤其是在以太坊出现之后。我们现在处于一个非常独特、非常令人激动的节点，就像他一直提到的谚语：秩序孕育于混乱。如果预测未来的话，Nimrod May 坚信，我们能看到区块链加密货币被广泛使用，而不是只在少数人的圈子里流传，但是这需要人们的思维方式做出重大改变。作为大玩家中的一员，Nimrod May 看到了区块链技术的成长，各行各业、形形色色的人逐渐开始用它来支付和转移资产，但要更好地利用区块链技术，还有很大的进步空间。

Eyal Hertzog 认为，区块链的现状就像当年互联网兴起时一样，每天都有人去了解区块链技术的影响，继而随着了解的增加，大家会逐渐认清行业的发展前景。

2017 年，有超过 70 亿美元的新资产在区块链市场布局，这些资金搭建了很多新团队，推动了一些以区块链为基础的解决方案，帮助实现数据共享和去中心化。可以预见的是，未来几年会有更多风投公司出现，在新发布的产品中，有可能就蕴藏着下一个谷歌、亚马逊的萌芽，待到时机成熟就实现快速增长。

11.2 加密货币未来：比特币还会占据主导地位吗

比特币是区块链技术最早的应用，同时也是最大的应用。在现今的加密货币市场，占据主要地位的就是比特币，问题是，这种情况还将持续多久？

Eyal Hertzog 的观点是，未来比特币可能不会像现在这样主导整个区块链市场。这是由区块链的定义决定的。探究区块链的本质，它是一个去中心化的网络，而去中心化的网络没有固定的形态，基本上就是一份协议，由大家约定标准，主要以协议和标准的形式存在。

在比特币过去 9 年的短暂历史以及以太坊 4 年的历史中，我们发现，现有系统通常很难进行改变或者升级，很多时候系统尝试升级，却会造成分裂。以太坊就是一个非常好的例子，Vitalik（维特利克）原本想在比特币的基础上创造以太坊，但实在太困难、太复杂。从实际看，创建新的协议其实要简单得多。

每个人都会有一个理解的过程，每次有新的系统和协议出炉之后，大家都可以按照自己的节奏来接受。我们会看到更多区块链应用的登场，而且会出现不仅仅为企业家或者投资者服务的杀手级应用，为所有普通人提供服务。现在，区块链领域还没有为大众服务的应用。但有朝一日这样的应用一定会出现，而在这些应用基础上的区块链会比比特币和以太坊更具规模。

现在，太多技术和各种研究带来了区块链产业的新观点、新想法。过去数年，出现了大量数据库，每个数据库的运营机制各有不同。我们将见证新技术取代旧技术，更会清楚地记住数据库发展的结果。

区块链只是记录和承载信息的载体，最重要的还是终端客户使用的应用。可能今天用户用这个区块链，明天用另一个，最重要的是有能实现在不同区块链间迁移的应用。当然最最重要的因素还是用户体验，用户要真正享受应用的过程才会每天都用这个应用。显然，我们还没有达到这样的理想状态。

11.3 数字货币世界：如何加强流动性

包括比特币、以太坊、瑞波币和莱特币在内，目前全球范围内存在的加密货币一共有1600多种。未来谁将会是其中的主流？也许只有时间会告诉我们。

对于关注加密货币的普通人来说，手里的加密货币是否有好的流动性、能否长期保持流动性，是一个更加现实和值得琢磨的问题。

Eyal Hertzog解释，流动性是指能将比特币转换成以太坊、将以太坊转换成美元、将美元转换成其他资产的能力。基本来说，流动性能够把不同的货币或是代币连接起来，而货币流通就是人们之间可以相互转移价值，其本质上是指不同加密货币和代币之间彼此连接的方式。如果没有流动性，货币就无法实现价值转移。

目前，绝大多数加密货币的流动性还非常低。只要流动性更高，就能把上百万美元转化为比特币；而只要流动性够高，价格就会比较稳定。

Eyal Hertzog举例，如果自己想购买价值100万美元的代币，但该种代币的交易量不大、流动性不高，那他就可能会把上述代币的价格翻倍或者增加三倍去出售。这样看来，各种代币靠流动性连接，可以说，流动性是价值的互联网，就像互联网把所有本地网络都接入到一个世界性的大网络中一样。流动性也把各种代币和货币接入到一个金融大网络中，使我们有了一个金融系统，不但能转化加密货币，还能将其转化成其他形式的资产。流动性不只重要，它还是数千年来创建的整个金融系统的基础。

加密货币也面临着挑战。有史以来第一次，任何人都可以非常容易地推出一种货币，然后再去跟任何拥有智能手机的人进行交易。但并不是每个人发行的货币、代币都具有流动性，因为今天提供流动性的网络，主要适用于有大量交易量和流通量的规模货币。而且，流动性在很大程度上取决于市场创造者。

根据数字货币分析公司 Diar 的分析，虽然加密货币的总市值已经突破了 1000 亿美元，但只有小部分加密货币占据着整个市场绝大多数的交易量。大多数加密货币的交易量都很低：24 小时交易量大于 100 万美元的加密货币仅有 15.3%，大于 500 万美元的则只有 6.3%。未来必然会有越来越多的新生加密货币产生，解决加密货币之间的流通性已经迫在眉睫。

11.4 加密经济和法定数字货币

加密货币正在被越来越多的交易者接受，在当下的时间节点，整个区块链技术能够带来价值的部分几乎全部得益于加密经济。

Yaniv Feldman 认为，分散式网络能创造出非常多的价值，它让普通人能够通过一些相对容易的操作来赚取数字货币或代币，比如持有代币赚取利息，即使没有银行账户也可以。人们可以购买一笔大额代币或者虚拟代币，然后锁定这些资产，从中赚取利息。如果这些代币能套现，他们就能以出售这些代币为生。

去中心化的网络更多的是赋予人们获取虚拟货币或者代币的机会，这种机会在其他地方非常难得。人们可以通过特定网络来做一些事情，比如预报天气。人们可以通过去中心化的区块链上报天气情况，这样就不用到处设置气象传感器。而系统网络会奖励上报数据的人，想要获得相应数据的人会通过代币支付费用，这样，每个网络内部都会有经济交易。人们可以经此营收，只是他们赚取的不是法定货币，而是虚拟货币，这些货币的价值由其所在的网络决定。这是两种区块链技术，一种是连接网络的能力、获取资本的能力，尤其是对于没有渠道的人而言；另一种就是这些货币的实际价值。比如，政府可以通过货币政策来影响经济发展，但是在未来，这种影响会有所减弱，因为区块链的背后没有国家，而是适用于更广的人群。

2018 年 6 月 27 日，德国联邦议院金融稳定委员会的一份报告指出，加密货币不会对该国的金融稳定构成威胁，理由是：加密货币市场波动较大，普遍接受度较低，交易量小，交易成本较高。该委员会还认为，加密货币不会成为日常生活中的支付手段、计算单位，也没有收藏价值。

但是，与德国政府不同，更多国家已经准备发行法定数字货币：据印度媒体消息，印度政府目前正在研究和数字货币有关的技术，该国将来很可能会发布法定的数字货币；在中国，中国人民银行数字货币研究所所长姚前，2018 年 8 月在国际电信联盟召开的会议上，分享了央行关于法定数字货币的结构模型及详细功能。对此，环球链的专家团队也有深入的讨论。

白硕认为，央行的法定数字货币如果推出，对组织的变化产生的影响绝对不容忽视，而且，它的节奏会直接影响企业未来变局的节奏。

白硕以移动支付为例进行了说明：比特币当年提出了点对点现金支付，但是这个点对点，敌不过移动支付。所以现在说，拿比特币去取代支付宝、微信是不可能的，因为后两者的体验太好了。这背后是银行账户在起作用，而银行账户是央行的清算在起最终作用。对于体验的人来说，一旦得到了良好的用户体验，用户体验的背后到底是什么东西，是法定还是非法定，已经不再重要了。

同理，假如说法定数字货币是可编程的，足以实现企业变革所需要的一切功能，那么它背后是政府主导的、央行主导的还是什么其他的，都不再是企业真正要关心的了。

吕旭军的观点是，人民币发行法定数字货币应该列为国家战略，这是“千年等一回”的机遇，对人民币国际化，包括对我国的“一带一路”的战略都非常重要。目前的区块链技术虽然还不足以支撑全国进行区块链化，但是可以选用某些特定的场景，或者某些特定的区域开始优先试行。任何国家、任何银行，只要把自己的法定货币跟区块链结合变为 token，之后就可以把它连到整个生态，使其像水一样流到局域链、联盟链里面，从此企业之间就可以用 token 来进行结算了。

在段永朝看来，这绝对是一件影响历史进程的大事。

法定货币的概念跟主权国家是相伴而生的，换言之，在主权国家诞生之前并没有法定货币的概念。法定货币概念的背后是一定的历史时期下的一定的历史背景。

数字法定货币，显然不是货币的数字化这么简单，它被赋予了新的时代内涵。数字世界（或者叫数字经济）与传统主权国家之间的关系，实际上代表着当今世界各大强国在互联网战略层面的一种博弈。

11.5 详解加密货币投资

在第 9 章中，我们曾谈及区块链领域的投资，其中简单说到了加密货币的投资。加密货币的投资需要卓越的独立思考能力。本节我们会详解一下加密货币投资。

Moshe Hogeg 是一位连续创业者，也是一名 VC。在过去的几年内，Moshe Hogeg 和他的投资人，大部分的关注点是在区块链项目上。

2013 年年初，Moshe Hogeg 买了生命中第一个比特币，当时是 20 美元左右一枚，但他当时并没有特别在意这件事情，也没有花太多心思去想它。直到 2016 年年底有人给他介绍了以太坊，Moshe Hogeg 觉得智能合约的概念非常具有启发性，因此非常兴奋。当他决定从自己的基金中拿出几百万美元投资时，他发现了一个美丽的意外：从法律上来说，Moshe Hogeg 没办法用基金里的钱来投资数字货币，因为这些数字货币还不合法。它们并不能被视为像股权一样的资产，所以他的基金其实无法用来投资数字货币。发现这件事之后，Moshe Hogeg 就开始以个人身份投资这个技术，最后的结果让人惊喜。

2018 年 5 月，在我们采访 Moshe Hogeg 的时候，他回忆说，回头去看一年半以前的以色列生态系统，发现整个区块链行业只有七家初创企业。作为以初创企业而知名的国度，以色列区块链行业的初创企业如此之少，根本不合常理。Moshe Hogeg 决定填补这个行业，不停地开邀请会，给现有的项目投钱，邀请新企业家们一起集思广益，然后来投资这些企业家。现在看来，这些投资的结果都非常好。

Moshe Hogeg 的团队参与了超过 8 亿美元的项目，所在基金 90% 的时间都在关注区块链行业。如 Moshe Hogeg 所期待，滚滚时代洪流下，以色列今天的区块链生态系统正在蓬勃生长，区块链企业的数量仍在持续增加。

纵观加密货币这个市场，整个行业的市场相加得到的市值大概在 4000 亿美元左右，但是，仅仅一家苹果公司的市值，就是这个市值的两倍，Moshe Hogeg 觉得这并不合理。加密数字货币的市场应该越来越大，比现在世界上任何一家公司都更强大，但加密货币投资目前还只是很少一部分人在做的事情。Moshe Hogeg 建议，基于“自己掌握自己的资产”的理念，如果有可能，一定要在自己的理财计划里加投一些加密货币，因为拥有比特币就是自由。

11.6 各国对加密货币的监管态度

世界各国政府对待加密货币的态度，基本上可以分为两派：大国基本上态度有些暧昧不清，而很多小国家把它看成一个机会，基本持欢迎态度，比如说马耳他、爱沙尼亚、以色列等，会给予很多监管和税收上的便利。总体来说，世界各国对加密货币的监管日趋严格，各国的监管政策和监管框架也在逐渐清晰。部分国家直接将加密货币作为法定货币或正在全力推进将其纳入国家货币体系之中，而另外的大部分国家则拒绝承认加密货币的货币属性。

日本作为全球最大的比特币交易市场，对数字货币的态度一直非常积极，它们不仅免除了数字货币交易的消费税、承认数字货币的合法性和货币属性，还实施了新修订的《资金结算法》、加大力度支持与推进数字货币的发展；在施行联邦制的美国，不同的监管机构对加密货币的定性和态度仍存在着较大差异；英国政府监管局发布了一份长达 50 页的名为《加密货币资产指南》的报告，其基调倾向于对加密货币采取态度较为中立的做法；韩国作为加密货币行业的领头羊，其监管态度已经由非常严格逐渐转为有所软化；法国近期成立了加密货币工作组，任命前法国银行副行长为负责人，在加密货币监管上的步伐继续往前迈进；澳大利亚和阿根廷当局对加密货币态度较为开放，尤其是阿根廷，有数据显示，其民众正在大量购买数字货币，对比特币市场的投资数字也正在飙升，鉴于此现象，阿根廷中央银行正在考虑将 BTC 列入储备货币；意大利参议院刚刚通过在区块链领域的首例监管举措，但就加密货币而言，当局尚未出台任何法规文件……

Moshe Hogeg 认为，从政府角度来看，以色列对加密货币的态度还是比较正面的：当局正在努力将加密货币向好的方向推动，在监管上也在不停地进行改善并促其发展。他认为，加密货币是以色列未来几年发展的一个引擎，当局不会阻止该技术的发展，相反，他们会帮助建立更清晰的管理条例。

2018 年 5 月，以色列司法部下属的禁止洗钱和资助恐怖活动的部门公布了一份立法草案，列举了三十多种“非正常的”加密货币交易行为，比如向在线赌博平台和网站转账虚拟货币等。这些新规虽然严格，但是确实如以色列的投资人和创业者们所说，为加密货币的发展带来了一些急需的清晰性。而在这之前，以色列银行对加密货币一直心存芥蒂。

显然，银行会因为商业原因而反对这个技术的发展，因为银行明白，从商业角度来看，区块链技术和它们的很多业务存在竞争关系。银行卡住了关键的“十字路口”，但是他相信，不久后，政府就会命令他们开放这些领域。Moshe Hogeg 对于以色列监管的未来持有相当乐观的态度。

Moshe Hogeg 想要尽可能展示给越来越多的人，什么是比特币。他将其定义为“一种你可以控制的自己的资产”，并解释说，“你不需要给这个世界的任何人解释，你只需要一键，就可以把这个资产从一个地方转到另一个地方”。

Moshe Hogeg 认为，一旦人们清楚这一点，就会爱上这个概念，爱上这种自己拥有的自由。他坚信，这个世界上不可能有哪个国家能阻止这种技术的蔓延、阻止人们要掌控自己创造财富和价值的意愿。政府最终会得益于区块链，假以时日，也会慢慢习惯这种技术。

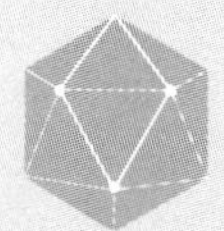

第十二章 12

区块链未来预测：技术演进+数字经济

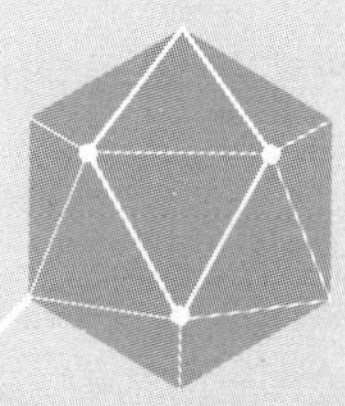

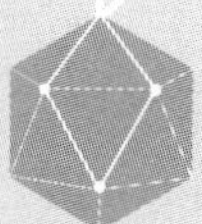

2015 年冬天，我第一次看到有关区块链的文献，当时觉得太过艰深就没有看下去。2018 年 1 月，当我再次看到区块链的资料时有些后悔。如果在 3 年前就能够准确地领悟区块链的精神并且做出一番预测，那该多好。因为对于一个企业人和媒体人来说，在脚踏实地做事的同时仰望星空，才能有备无患。

当下，区块链的技术还在早期，行业发展仍不成熟，但是其市场规模正在飞速增长。因此，我们必须站在变化的漩涡中瞭望将来：未来三年、五年后，区块链行业将是怎样一幅图景？

12.1 区块链当下现状

Roni Pavon 认为，我们在讨论区块链的时候，有必要将区块链的概念和技术区分开来。区块链的概念已经相对成熟，正在逐渐成为主流思想，为大众所熟知。

从技术层面来讲，区块链的概念引导了技术的发展，而区块链的技术是跟着理念走的。最初，区块链技术想要改变人们的消费和价值转移方式，并促使整个流程更加透明化。现在，人们把区块链看成促进系统高效性的方式，大众可以使用该技术验证、确认系统交易过程。我们看到了越来越多与区块链相关的解决方案，这是区块链领域最大的发展。最初我们拥有了作为支付手段的比特币，然后有了提供智能合约网络的以太坊，现在又能看到更多代币和加密货币参与进来支撑这个生态系统。新的区块链技术总是在试图解决之前以太坊、比特币发展过程中发现的老问题，这些问题对于新进入市场的人将不复存在。

总而言之，Roni Pavon 认为，人们需要重新审视区块链的概念和它为这个世界带来的改变，看如何能让技术紧跟理念，并把理念变成现实。

段永朝指出，区块链作为一种主张使用加密算法、智能合约，并强烈主张不可篡改、不可抵赖、不可伪造的账户体系，就是希望为我们未来社会的彼此合作奠定一个算法基础和账户基础。

12.2 区块链技术在未来的演进

站在全人类共同利益的高度来畅想，区块链影响下的未来五年、十年到底是怎样一番图景？按照段永朝的说法，技术仿佛拥有自己的、不受人类干预的独立意志。我觉得，科技本身是一个独立的力量，自有生命，它自己会不停净化，变得更好。

12.2.1 技术是否自有生命

在段永朝看来，现代科技，或称智慧科技、智能科技，都有它自己的发展脉络。雷·库兹韦尔、凯文·凯利的观点也都是如此。大家都认为，科技、技术本身自有它发展演化的方向。段永朝的理解是，因为技术和人之间的绑定关系越来越紧密，所以我们可以感觉到，技术似乎有它自己的发展节律，不会受到某一个个体，或者某一方势力的左右。

在过去的二十年中，自从开源运动开始之后，整个IT领域的格局已经发生了很大的变化。现在，为年轻人提供的创新土壤比过去更为肥沃，没有哪家公司能够把开源硬件、开源软件等东西雪藏起来，变成自己的独门秘籍。所以，段永朝认为，我们应该相信科技有自身演化和扩散的逻辑。

白硕认为，互联网改变了信息传播的路径从而大大缩短了可触达的距离，这也是为什么贵州可以凭借大数据而火。在自然条件上，贵州并没有优越性，但是信息恰恰不需要优越的自然条件去承接，无论传播到哪里都是光速触达，所以贵州能够凭借大数据起势。

但信任却是有距离的。过去，一个人和陌生人的信任中隔着千万重中介，而区块链就是用来把信任距离拉近的一个工具。这个世界在朝着彼此缩短距离、减少能量的方向发展。在人类文明的长河中，从这个角度去认识区块链，定位可能就比较清楚。

在吕旭军看来，区块链有一个特别的网络效应。当整个网络不断演进升级时，软件就要随之不断换代。在如今的开源状态下，只要有一个技术在进步，区块链系统内的其他所有人就都可以看到并立刻复制到其他的生态里面。

12.2.2 以证券代币为例，预测区块链技术的未来

近年来，我们耳熟能详的大数据、人工智能、增强现实、虚拟现实、物联网、量子计算、无人驾驶等技术的发展，都将对人类生活造成了深刻的影响。通过了解技术的演进特征，我们可以大概了解到人类自己的发展方向。那么当下最受人关注的区块链技术，将往何处去呢？

以色列嘉宾 Yaniv Feldman 认为，预测未来最好的方法，就是回顾 20 世纪 80 年代以来互联网的发展。1989 年，美国《纽约时报》曾刊登了一篇报道，说互联网基本上就是大学教授们互相发信息用的媒介，不会为大众所用。但 15 年后，互联网就实现了大规模应用。

当时的人们很难预想到互联网应用的巨大潜力，而现在的区块链技术则面临着同样的现状。人人都知道这个技术的存在，但它的可行性、可拓展性和影响尚待挖掘，效率也受质疑。这一技术还在萌芽期，很多平台尚未搭建完成。以太坊是个例外，它提供的网络现在确实正在生效。

但是，即便是以太坊，就规模来讲，其效率还是非常低。所以，很难预测，未来的10到20年，乃至50年后，区块链技术的发展情景会是怎样的。

但是，我们可以从一些细微的想法中看出该项技术的发展潜力，最好的例子就是证券代币。它能让用户通过一种更加去中心化、更加简便的方法来交易和管理证券。比如说，公司申请上市进行首次公开募股是一个漫长且复杂的过程，需要很多中间商参与，并且需要通过层层审核。而如果通过区块链技术和证券型代币来发行代币、筹集资金，其过程虽然不能用容易来形容，但是相较于首次公开募股（IPO），会大大缩短周期并减少审核步骤。

当然，未来这一领域也会出现更多审核标准和载体，想要进行代币发售也需要符合相应的标准和遵守相关的限制，比如令牌化个体、令牌化地产。假如我是一个学生，想要筹集学生贷款支付学费，银行贷款利息高昂，我支付不起，就可以把自己令牌化，把自己10%的代币出售来换取大学学费。这么做意味着我愿意拿出我未来几年，乃至一生收入的10%给购买我代币的投资人。想象一下，如果你独具慧眼、有机会把学生时代的比尔·盖茨或者史蒂夫·乔布斯令牌化，你将获得巨大的投资回报。所以我认为，令牌化资产，无论是抵押物还是本地化资产，乃至非本地化资产，区块链技术在这些领域的应用将改变很多当下金融产业的行业规范。

Yaniv Feldman 认为，不管是针对证券，还是传统资产，甚至非传统资产，我们都会看到，对资产的代币化，乃至很多和区块链领域相关的行为都在发生变化。

12.3 数字经济发展蓝图：25% 的法定货币会被数字货币取代吗

技术的演进，一定会带来人们生活的变化，这些变化包括经济、政治、文化各个方面。在经济这个框架之内，我们决定以数字经济为把手来讨论问题，看看未来数字经济将会带来多少充满想象力的、了不起的变革。

在谈及未来十年之内区块链如何影响人类时，段永朝介绍，我们需要看到这样一幅大画面：有学者预测，25%的法定货币在未来十年间会被数字货币取代。这就意味着，未来很多交易、很多支付会用数字货币来进行，包括国际贸易。

12.3.1 人们的现实生活需要数字货币

以色列嘉宾Nimrod May举例，如果你要从世界各地的商店里购买不同的商品，唯一的方法就是使用当地货币。如果你在中国购物就要用人民币，当你在法国购物你就要使用欧元，如果你想从日本的商店购物就要用日元……如此这般，你需要耗费大量时间和精力不断地进行货币兑换。就如同现代人对低频带宽没有耐心一样，如果我们不能通过简单的代币方式将各种不同的法定货币标准化，那么这种代币就不会成为主流而进入大众市场。同理，这个世界纵使人数繁多，但依旧被少数几家大企业、大媒体寡头所控制，一个小公司想发行自己的货币基本上不可能。如果一个小公司想发行它自己特有的代币，却没法提供一个可以轻松使用的监控系统，那它根本就没有任何生存机会。

自动换币、链接代币的服务、提供自动转换的代币转换系统，一定会成为打破主流的先驱。那时候，代币就不再只是用于投机了。

12.3.2 未来人们处理金钱的方式会改变

Yaniv Feldman认为，加密经济是近期发生在金融市场的最大变革。虽然在过去的两千年里，一直都是由国家支持的法定货币独领风骚，但是加密经济已经逐渐开始取代法定货币，被交易方接受。有了加密经济，金融行业里的很多行业操作都会改变，但 Yaniv Feldman 并不认为银行会消失。他认为，有一些银行确实会被淘汰，但是剩下的一定会开始接受加密经济作为支付货币，所以银行的运营机制仍将存在。

在全球范围内，当下经济运行的模式会改变。政府可以通过货币政策影响经济发展，比如控制货币的流通量。但是在未来，这样的影响将会减弱，因为区块链的背后没有国家背景，而且使用人群更广。Yaniv Feldman 预见，无论是储蓄还是支付方式，未来人们处理金钱的方式将会出现翻天覆地的变化。

12.4 中国区块链行业的未来

和欧美等国相比，中国的区块链行业似乎起步稍稍晚了一些，但是从目前的发展速度和规模来看，潜力巨大。

2018 年 9 月，在美国《财富》杂志发布的新一期世界 500 强排行榜中，中国有 120 家企业上榜，其中有 46 家企业在不同领域都涉足区块链，这其中就包括中国石油化工集团公司、中国平安保险（集团）股份有限公司、腾讯控股有限公司、中国移动通信集团公司、中粮集团有限公司、阿里巴巴集团等。

2019 年 1 月 4 日，链塔智库发布的 2018 年区块链专利分析报告中的数据显示，截至 2018 年 12 月 31 日，全球共有 6136 项区块链专利。中国的区块链专利数量为 4109 项，占世界主要国家区块链专利数量的 67%，位居全球第一。

国家工业和信息化部信息中心于 2018 年 5 月 20 日发布的《2018 中国区块链产业白皮书》显示：从中国区块链产业新成立的公司数量上看，2013 ~ 2017 年，我国新增的区块链公司数量从 31 家增加到了 178 家，增长幅度为 474%，达到了 5 年来区块链创业公司数量的最高峰。截至 2018 年 11 月底，中国新增区块链创业企业共 703 家、融资总额达 75 亿美元。中国俨然已成为全球区块链领域的先行者和引导者。

从区块链产业细分领域新成立公司的分布状况来看，截至 2018 年 3 月底，区块链领域的行业应用类公司数量最多，其中，为金融行业应用服务的公司达到了 86 家，为实体经济应用服务的公司达到了109家。此外，区块链解决方案、底层平台、区块链媒体及社区领域的相关公司数量均在40家以上。

从中国区块链领域的投资事件数量来看，2015～2017年，区块链领域的投资热度一直保持着直线上升的态势。2016年投资事件在2015年的基础上实现了5倍的增长，共计达60起；2017年区块链投资事件数量在2016年的基础上再度增长了约67%，接近100起；2018年第一季度，区块链领域的投资事件就已达到了68起，且2018年涉及区块链公司股权投资事件为249起。

从中国区块链公司融资轮次分布状况来看，约90%的投资事件集中在早期阶段（A轮及以前），另外仅有9%的投资事件属于战略投资，B轮及以后的投资事件占比仅为2%。白皮书指出，区块链产业目前还处于非常早期的阶段。随着整个产业的高速发展以及项目落地速度的加快，融资轮次将逐渐往后延伸，未来会出现更多进入中后期阶段的项目。

随着全球范围内各国政府扶持区块链发展的政策、区块链底层技术和应用环境的不断优化和完善，以大数据、人工智能为代表的新兴信息技术的发展和应用正在不断加速，世界各国抢占未来前沿领域技术优势的力度也正在空前加大，这将使国际竞争更加复杂和激烈。

反思互联网，它曾经给人类社会带来了许多积极的改变和影响，比如获取信息、在线交易、即时通信等，部分地敲碎了垄断者的霸权，给终端用户带来了从未享有过的权力。然而，互联网也带来了许多负面影响。

今天，区块链已经来临，相比互联网，它更强大、更完善、更值得期待，但它依然仅仅是一种技术，它需要人类以善意和智慧来善用。

人类社会似乎已经到达了一个新的时间节点，一切都将被重新定义，各行各业和置身其中的人都将重新接受挑战。技术如奔腾的野马，按照自己的意志和逻辑一路向前，作为万物灵长的人类，是否能把握住它的缰绳呢？

POSTSCRIPT

后 记

2019 年 7 月 12 日下午两点半，我最后一次审校完一寸多厚的《区块链真相》书稿。

遥想一年前的此刻，我和团队刚进入《环球链——区块链真相调查》这部 12 集大型跨国深度报道的后期，日日早起晚睡，辛苦打磨视频。随着几周前 Facebook 正式公开加密货币 Libra 计划，重新开始关注《环球链》视频的人又多了起来，持续看好区块链的朋友兴奋不已，此前一直不屑或者批判区块链的朋友，则不说话了。

老实说，我早就知道有这一天。

当一个新生事物进入视野，你是否能以足够理智、公正、科学、审慎的态度看待它？是否能在不了解的时候不说话，了解的时候仗义执言几句呢？

这本书充分体现了我的理性、逻辑和克制，在结尾我则想很女人、很感性地说一句话：2018 年春，我在硅谷对区块链一见钟情，此后再未变过心。如今，总算又为它做完一件重要的事情。区块链是有生命的，这本《区块链真相》书籍和《环球链——区块链真相调查》视频也自有生命。

愿它们唤醒更多人，点亮更多生命。

武卿

2019 年 7 月 12 日于奇霖国际传媒

推荐阅读

区块链+：从全球50个案例看区块链的应用与未来

作者：杜均 ISBN：978-7-111-59118-4 定价：59.00元

本书以全球视角，采集全世界区块链典型技术及各个行业应用案例，从技术到实现，从商业模式到未来趋势，汇集知名区块链专家进行前瞻点评及深入解读！

区块链与通证：重新定义未来商业生态

作者：杨昂然 黄乐军 ISBN：978-7-111-60719-9 定价：69.00元

本书从必备常识、生态系统、经济系统设计、监管政策和法律风险等5个维度构建了一个相对完整的区块链通证（Token）知识谱系，涵盖科技、经济和商业多个方面，得到了中国通证领域的代表人物孟岩等多位专家的一致肯定和好评。

区块链：定义未来金融与经济新格局

作者：张健 ISBN：978-7-111-54109-7 定价：49.00元

从极客的创造到风投的宠儿，从比特币的“野蛮生长”到金融机构的争先恐后——区块链到底是什么？它为何产生？解决了什么问题？自身将如何发展？区块链会给人类带来怎样的应许？它将创造什么？又将重塑什么？这是一本高屋建瓴的书，你将从中找到这些问题的答案，并且听到历史轰轰向前的车轮声。